眠り上手になるための睡眠学

―脳は眠らなければ回復しない！―

Miyazaki Soichiro
宮崎 総一郎 著

中災防ブックス 004
発行者：中央労働災害防止協会

はじめに

この本を手に取られた皆様は、毎晩ぐっすり眠れていますか。いまの睡眠に満足していますか。著者の私自身はあまりぐっすりとは眠れていません。毎晩トイレに二回ほど起きます。高血圧や高脂血症で薬も飲んでいます。だからといって、生活習慣病の治療には睡眠が大切だから、睡眠薬を飲んでまで眠ろうとは思っていません。

「朝起きた時に、疲れがなくて、日中の活動に差し支えなければ睡眠は足りている」とお考え下さいと文中で紹介しています。この言葉がとても大切なのです。くたくたになるまでしっかり働いた日は、私も朝まで起きることがありません。夜中に起きるのは、昼間の活動が十分でなかったから、また眠る前にテレビや携帯を見てしまったからなのです。私の場合、熟睡感のない大きな理由は運動不足だと分かっています。眠れない理由がわかっていれば安心できます。

九三歳まで活躍された漫画家の水木しげる氏は、著書の『カランコロン漂泊記』のなかでこう語られています。「人間は寝ることによってかなりの病が治る。私は〝睡眠力〟によって傷とか病気を秘かに治し今日まで〝無病〟である。私は〝睡眠力〟は〝幸福力〟ではないか、と思っている。私は良き睡眠を得るため必ず夜は十一時に寝る、すなわち夜遊びはしない。昼間は歩く。寝そべっているスタイルは漫画だけの話。快眠を得るために運動するのだ。子どものときから大の睡眠好きだった。」氏は朝寝坊だというので、小学校には一年遅れて入学。兄弟より一時間遅れて起き、朝食をたらふく食べてから学校に行っていた。そのため、小学校の間一時間目の算数の時間は出たことがなかったとのことです。

生物には、どんな環境の変化にも対応できるよう多様性があります。多様性があるのは、将来どんな状況になっても種が生き残れるための生物の生存戦略なのでしょう。長く眠る人、短い睡眠でもよい人、夜中に何度も目覚める人、睡眠だけでもさまざまです。睡眠にも多様性があるのです。例えば地震の時、夜間に少しの物音でも目が覚める人がいるおかげで家族は起こされ、家族の生存を守れるのではないでしょうか。

七時間眠らないといけないと思って早めに寝床に入り眠れなくて悶々とする方、一方「睡眠は四時間で大丈夫！」といいながら、隙があるとうたた寝している方、ヒトの眠りはさまざまです。この本の中には、私が睡眠外来や日々の交流でお会いしたいろいろな方の睡眠に関する経験談を多く紹介しています。どのページからでもよいので、興味を引くところからお読みいただき、働く世代の皆様の睡眠改善の参考になれば幸いです。

二〇一八年四月

宮崎総一郎

目　次

はじめに

第一編　「眠り下手」になった日本人

第一章　五人に一人は眠りの悩みをもつ……13

第二章　ベストな睡眠と「睡眠負債」……19

第三章　睡眠の基礎知識……29

第四章　眠気を評価してみよう……51

第五章　プレゼンティズムと睡眠……57

第二編　よりよく眠るために
第六章　食事と眠りの深い関係……67
第七章　カフェインを控える……81
第八章　睡眠環境……89
第九章　職域での睡眠問題解決のために……97
第十章　睡眠時無呼吸症候群……111
第十一章　子どもの睡眠、シニアの睡眠……121

第十二章　睡眠からアプローチする認知症予防……141
第十三章　よりよく眠るためのあれこれ……151
第十四章　いまこそ求められる睡眠教育……165
おわりに

第一編　「眠り下手」になった日本人

第一章　五人に一人は眠りの悩みをもつ

健康を維持するためには、適切な「睡眠」が欠かせません。しかし「眠れない」「眠い」という悩みや睡眠に関わるトラブルを抱えているのは、成人の五人に一人、高齢者では三人に一人と言われています。日本人の睡眠時間は年々短くなっており、二〇一五年の厚生労働省「国民健康・栄養調査」では約四割が六時間以下であり健康を維持できるギリギリのところにきているというのが実情です。

事例　「睡眠不足症候群」だったＫさん

Ｋさん（二二歳の女性）は事務の仕事をしていますが、朝、起きることができません。仕事があるため七時には無理に起きますが、体は眠ったままのような状態でした。日中でも、布団に入ったらすぐに寝てしまうとのことでした。このような状態が続き、仕事に差

し支えるので私の睡眠外来を受診されました。
　そこでKさんに、寝た時刻、起きた時刻、眠気の程度を紙に書いてくるようにお願いしました。最初の受診から一カ月後、Kさんが記載した睡眠記録を見て私は、「あなたは、睡眠不足症候群です。休みの日に、普段より二時間以上も長く寝ているでしょう。これは本当の病気ではなく、睡眠時間が足りていないだけです。十分な睡眠時間をとると眠気はなくなります」と説明しました。しかし、Kさんは、夜はテレビも見たいし、家事もしなければいけないので、早くベッドに入ることができないでいました。
　ある日、Kさんは自分の過失で交通事故を起こしました。幸い相手にも自分にもけがはありませんでしたが、事故を引き起こしたことに対するショックで会社を休み、四日間ずっと家で寝ていました。五日目にようやく仕事に行きましたが、不思議なことにちっとも眠くならなかったのです！　そのことを聞いた私は、「言ったとおりでしょう！　あなたは慢性の睡眠不足だったので、たっぷり眠ったことで、睡眠負債（睡眠不足の蓄積）がなくなり眠気がなくなったのですよ」とお話ししました。

Ｋさんのような場合を、「睡眠不足症候群」と呼びます。必要な睡眠時間をとらないことで、睡眠不足の影響が眠気やイライラ、集中力低下となり、ひいては認知機能が低下して、今回のＫさんのように事故を起こしてしまうことがあります。このような病状は、通勤時間が長いために睡眠にしわ寄せのきている方に多く見受けられます。

Ｋさんは以前から、「仕事をして帰ってきてすぐに寝るなんて、人生損していると思いませんか」と話していました。しかし結果的に、事故を起こすという状況に陥ったのです。現代社会は、ともすれば睡眠が軽視されがちです。少しくらいの睡眠不足は、すぐには健康に影響しないでしょう。しかし長期間の睡眠不足は、健康障害や認知機能低下をもたらすと言えるので注意が必要です。

日本人は「眠り下手」!?

五〇年ほど前は、睡眠時間は今より一時間以上長く、だれも睡眠に関心を払うことはありませんでした。わが国の睡眠研究の先達である井上昌次郎先生（東京医科歯科大学名誉教授）は、「現代人はどうやら、史上まれにみる『眠り下手《べた》』になってしまった」と、その著書『眠る秘訣』[1)]の中で述べておられます。

「眠り下手」になった理由としては二つ挙げられています。第一に、健康や睡眠に関わる情報の氾濫です。人の脳の研究が進歩し、睡眠の役割が明らかになるにつれ、脳や健康にとって睡眠が極めて重要な役割を演じていることが明らかになってきました。それまでの常識では、睡眠の評価はごく低いもので、極端な場合には無駄な時間とみなされていました。それが一転して、睡眠は無意味どころか極めて有用であり、高等生物は睡眠なしには生きていけないことが明らかにされてきました。

しかし、睡眠の大切さが正当に理解されればよかったのですが、科学的な情報を安易に拡大解釈し、睡眠を思いどおりに操作できるとする、間違った情報が発信されるようになっています。例えば、「睡眠は四時間半で十分！」とか、「睡眠時間を短くする方法」とかいったものです。確かに、ごく一部の人は短時間睡眠でも十分に活躍できるでしょう。しかし、大半の人はそうはできません。そういう正しくない眠りに関する情報に、私たちは惑わされているのです。また逆に、七時間は眠らないと健康を害してしまうと思い込み、自分は不眠症ではないかと勘違いする人たちも多いのです。

「現代人が眠り下手になった」ことの第二の理由として、二〇世紀の半ば以降、ハイテク社会が発展して、生活様式が激変したからだと、井上先生は説明しています。高度経済成長期には、生産性がないと思われる眠りの時間をできるだけ切り詰めて働けば、生産性が上がり、経済的に裕福になるとの考えから、昼も夜も二四時間にわたって眠りを削って活動してきました。その結果として、健康を害し、こころのゆがみやうつ病を生じることになったのです。交代制勤務の経験年数と病気との関係を調べた研究では、交代制勤務を長く続けていると、その年数に比例して、うつ病や心臓病のリスクがどんどん増えることが分かっています。

現代の睡眠不足は、今や健康のみならず、経済活動から社会生活、子どもの学力まで、社会の幅広い分野に大きな影響を及ぼしています。逆に言えば、経済発展や学歴競争社会の中で軽視されていた睡眠が、健康や社会の発展を考えるうえで大きなカギを握っていると言えるのです。

引用資料

1）井上昌次郎著『眠る秘訣』朝日新書　二〇〇九年

第二章　ベストな睡眠と「睡眠負債」

「睡眠負債」を背負っていないでしょうか？

寝不足では、「睡眠負債」という借金を背負うことになります。負債を長期にわたってため込むと、人は負債に押しつぶされ病気や事故に遭ってしまいます。新幹線の運転士や飛行中のパイロットの操縦中の眠り込み、また、アラスカ沖で巨大タンカーが座礁して甚大な環境破壊を招いた事故の原因として、睡眠不足の関与が指摘されています。睡眠不足による社会的損失は、わが国では約十五兆円（RAND Europe Research 2016：図２―１）と試算されています。その報告の中で、日本では社会全体で年六〇万日を超える労働時間を睡眠不足のために損失しており、睡眠時間が平均六時間を下回る人は、七～八時間の人に比べて死亡リスクが十三％高くなると指摘されています。前向きな解析としては、六時間未満の睡眠時間を六～七時間に増やすことで日本経済には七五七〇億ドル（約八三兆円）

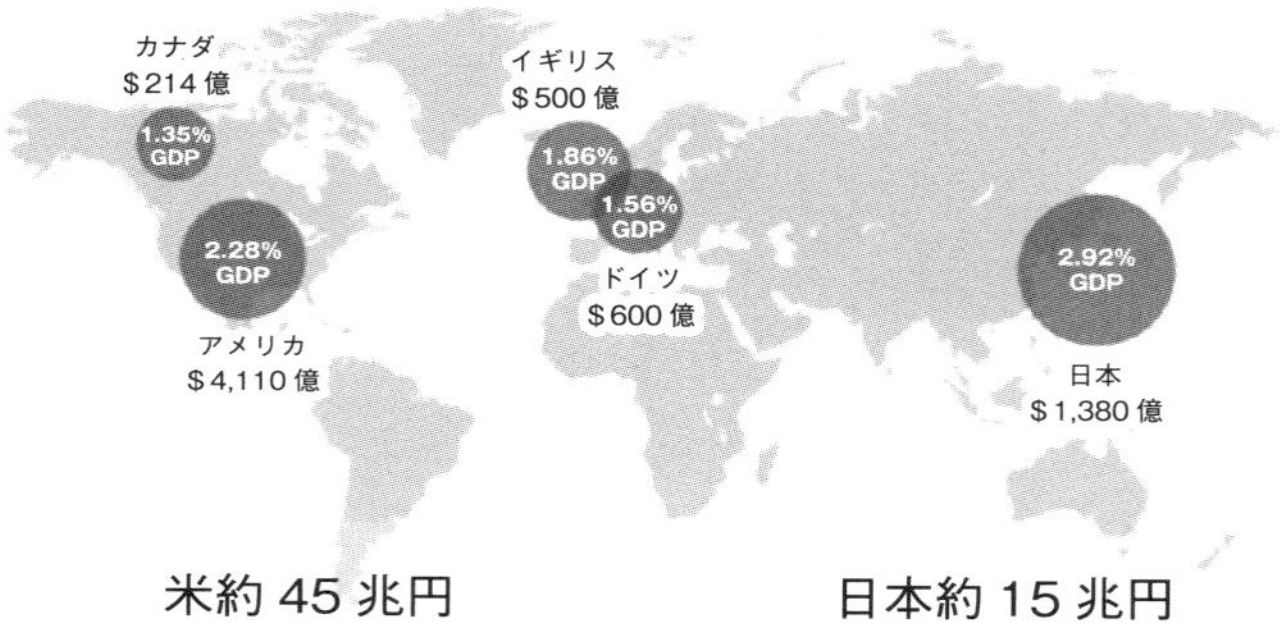

（ランド・ヨーロッパ2016の試算）
図2―1　睡眠不足の経済損失

のプラス効果があるとも試算されています。

また、二四時間社会となった現在、深夜勤務や交代制勤務が増え、夜眠らずに働いている人が少なくありません。交代制勤務者では、日勤者に比べて、乳がん、前立腺がん、大腸がんが多いことが報告されています。

ヒトは睡眠と密接に関連するメラトニンというホルモンの作用で昼夜を区別しています。このメラトニンには、夜の間に身体に有害な作用をもつ活性酸素を消去して、脳や身体を守り、修復する作用があります。メラトニンは強い光に当たると分泌されなくなるので、交代制勤務者にがんの発症が多いのは、夜間に光を浴びることでメラトニン分泌が抑制されることが関与していると推測されています。

二四時間社会の問題

二四時間、生産・消費・交通システムが動いている現代社会では、人々の生活スタイルは夜型化し、睡眠時間は確実に減少しています。日の出とともに起床して、日中に活動し、日が沈むと休息をとるという生活が生物としてのヒトの姿です。しかし、今日の〝眠れない〟という状況では、通常の「昼」と「夜」と言われている時間帯の生活環境とは異なった、明暗サイクルで生活せざるを得ません。このような生活環境により体内時計が狂い、正常な睡眠がとれない人たちが増加しています。今や、二〇人に一人が睡眠薬を服用していると報告されています。

さらに、人々の睡眠への欲求や関心が非常に高くなっています。例えば、眠りに関するハウツー本だけでも、数百冊以上が発刊されています。さらに、昨今では睡眠深度や睡眠時無呼吸を測定するとうたわれているスマホアプリ、眠りによいとされる枕やベッド、薬局で買える睡眠薬、快眠できるアロマテラピーなど、睡眠関連産業は二兆円以上と試算されています。「睡眠改善」をうたう機能性表示食品（グリシン、オルニチン、クワンソウほか）も現在八〇億円を超える市場となっているとのことです。

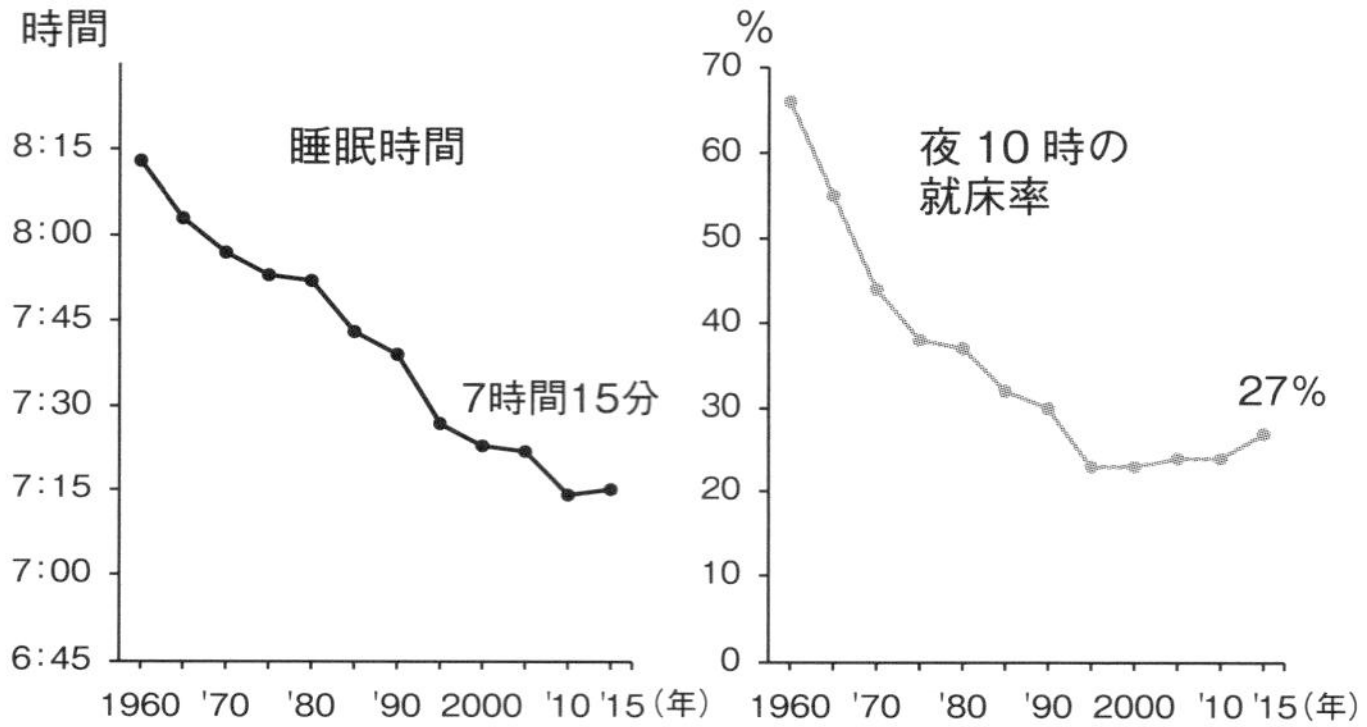

出典　NHK 国民生活時間調査2015

図 2—2　日本人の睡眠時間の短縮と夜型化

日本人の睡眠時間

NHKが十歳以上を対象に五年ごとに行っている「国民生活時間調査」によると、一八六〇年には八時間十三分であった睡眠時間が、二〇一五年では七時間十五分と、下げ止まり傾向はあるものの、この五〇年間で六〇分近く減少しています（図2—2）。また、夜十時に寝ている率が二七％にとどまっていることからも、昨今は夜型社会であることがわかります。

わが国は、世界的に見ても韓国に並んで最も睡眠時間が短いのです（図2—3）。短い睡眠時間であっても健康や活動に問題なければよいのですが、実際には睡眠不足によりもたらされる影響は、労働災害や交通事故のみならず、個人の体をむしばむ肥満、高血圧、糖尿病、脳血

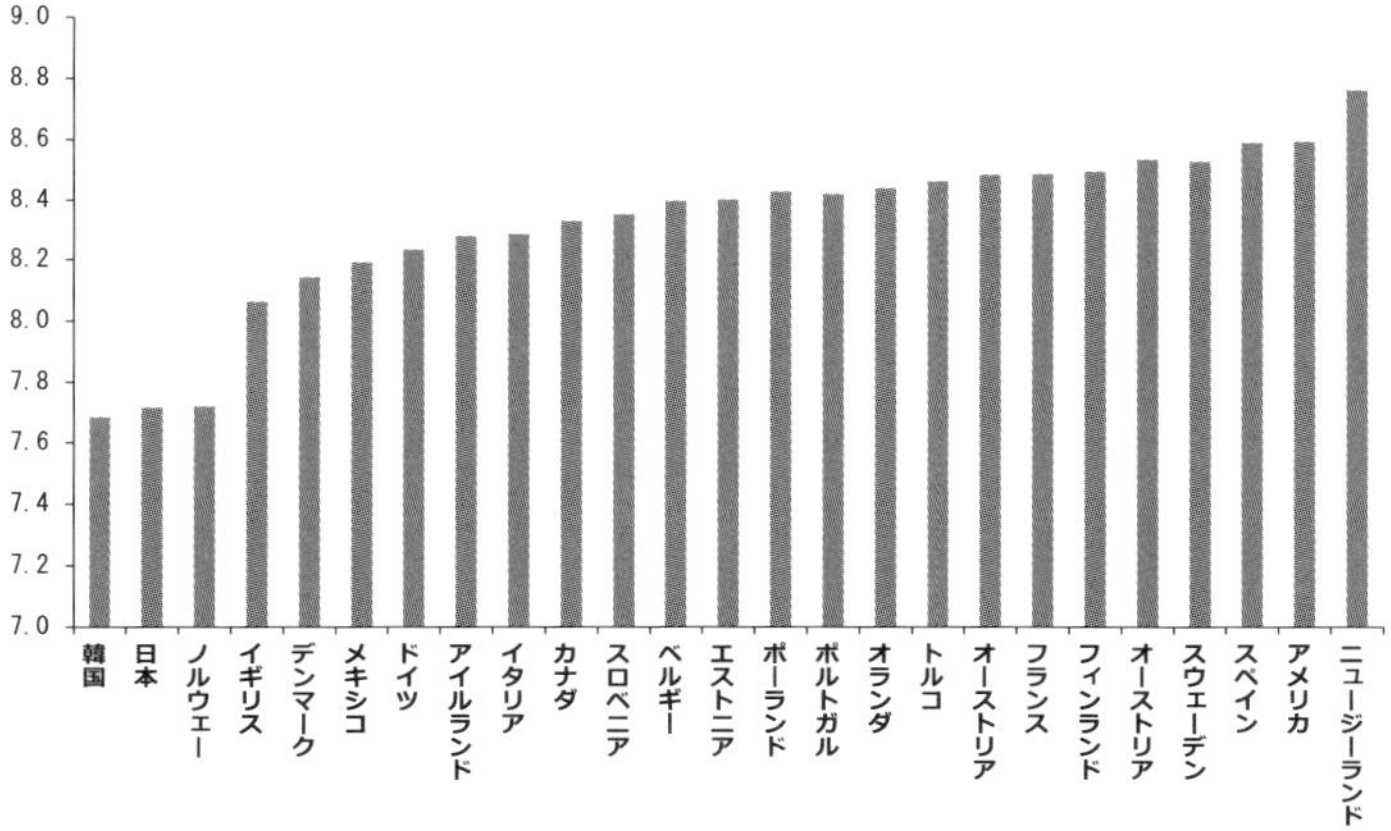

出典　OECD、2014（一部改変）

図２―３　世界の睡眠時間

管疾患、心臓病、精神疾患等多岐にわたり、看過できるものではありません。

動物たちの睡眠時間は？

ここで、動物の睡眠時間を見てみましょう（図２―４）。象や馬などの草食動物は、睡眠時間が二時間と極端に短いのです。例えば動物園の象は、毎日、干し草八〇kg、キャベツ二〇kgを食べますが、食物が低カロリーであるために長時間覚醒して大量に食べ続けなければならないのです。一方、肉食のライオンは高カロリーの肉を食べますが、基礎代謝が高いので、無駄に動いているとすぐに空腹になります。だから活動期でない昼間はあまり動かずに寝ているため、睡眠時間は十五時間程度と長くなります。

実は、睡眠時間と動物の基礎代謝はうまく相関しており、基礎代謝の高い動物ほど長く眠る傾向にあります。これは、人にも当てはまります。

幼児は十〜十五時間と長く眠りますが、体重当たりの基礎代謝は高齢者の二倍以上も高いからです。

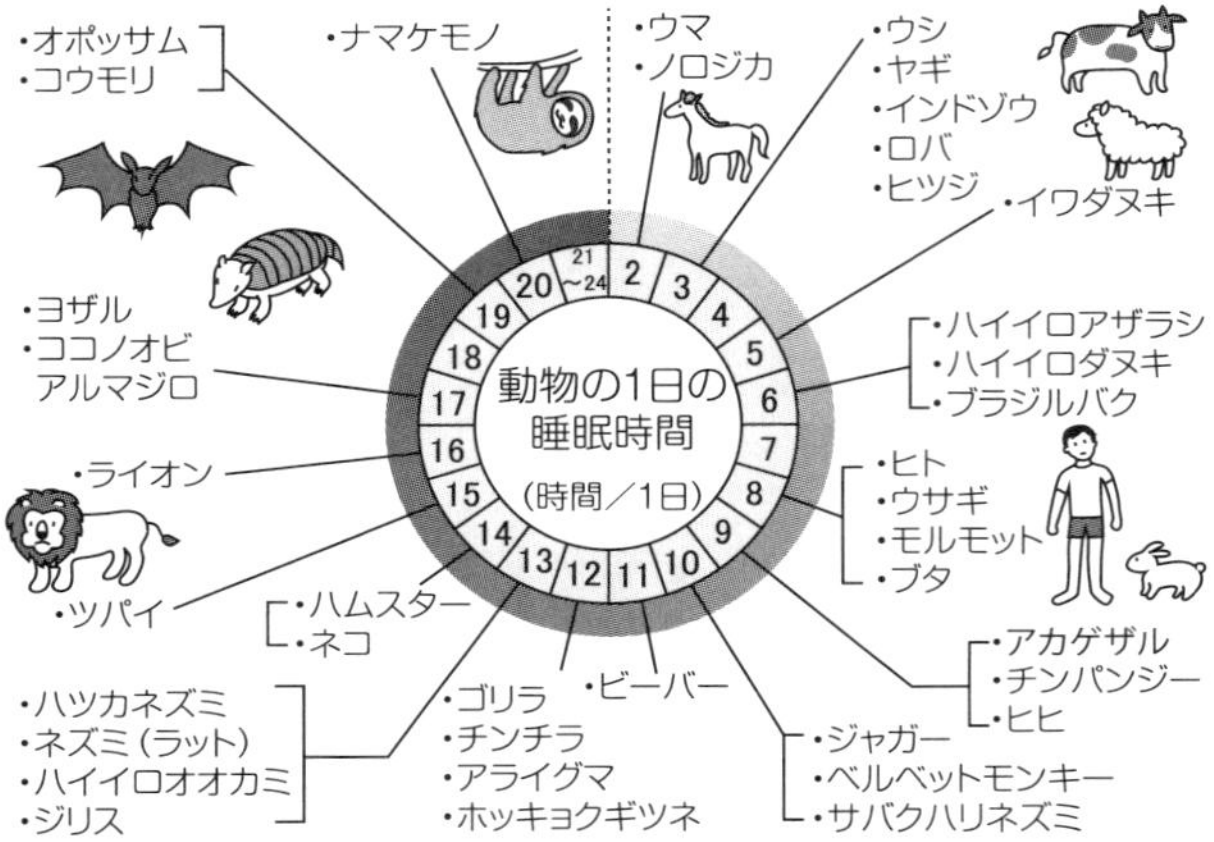

図2—4　動物の睡眠時間

ベストな睡眠時間とは?

さて、人は何時間眠るのが、健康にとってベストでしょうか。答えは、「睡眠時間は人それぞれ。朝起きたときに疲れがなく、昼間に普通に活動できていれば、あなたの睡眠は足りているとお考えください」と、私は睡眠外来に来ら

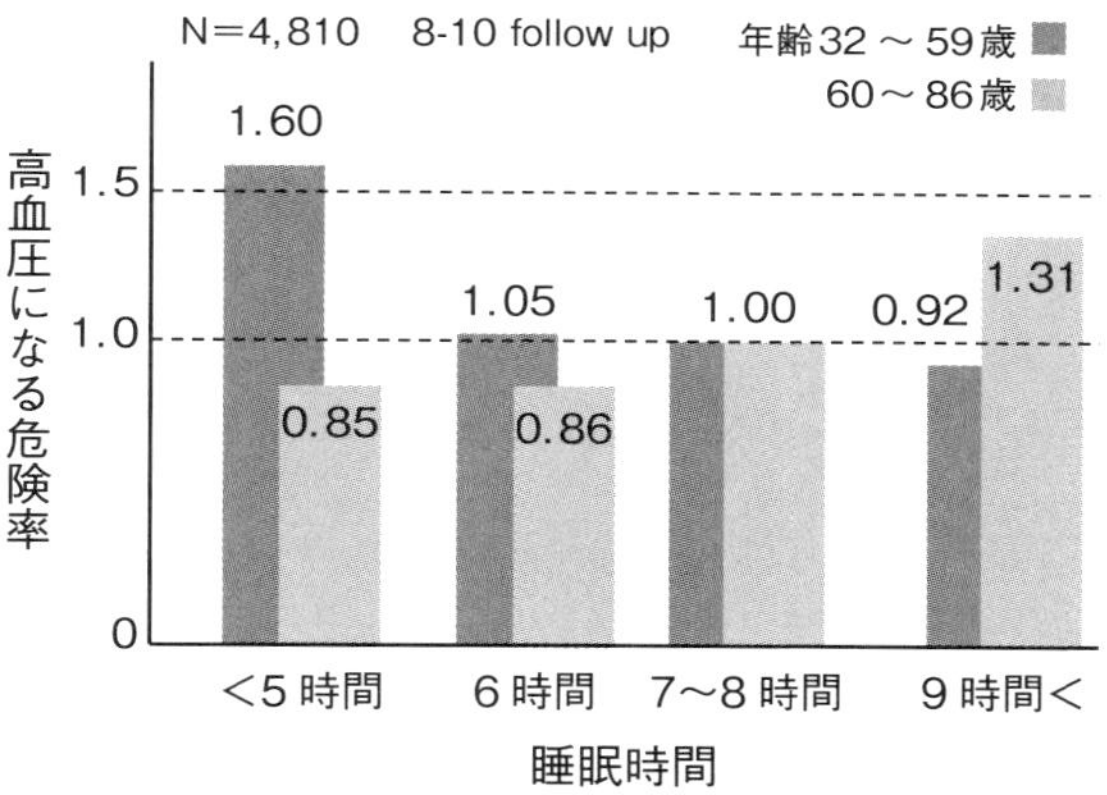

図２―５　睡眠時間と高血圧リスクの関係

れた患者さんに説明しています。

日本人の睡眠時間と死亡の危険率を調べた調査では、六・五～七・五時間の睡眠時間の人が最も危険率が低く、四時間以下や八時間以上寝ている人では、死亡率が一・三～一・八倍高くなっていました。短い睡眠時間がよくないことは理解できますが、長すぎる睡眠時間もリスクを高めるのはなぜでしょうか。

睡眠時間と高血圧になる危険率の関係を示したものが**図２―５**です。これを見ると、三二～五九歳の若年者群では、睡眠時間が短いと高血圧リスクが高くなっていました。しかし、六〇～八六歳の高齢者群では、反対に八時間以上の長時間睡眠で高血圧リスクが高くなっています。全年齢層で見れば、七～八時間睡眠が最も高血圧リスクが低

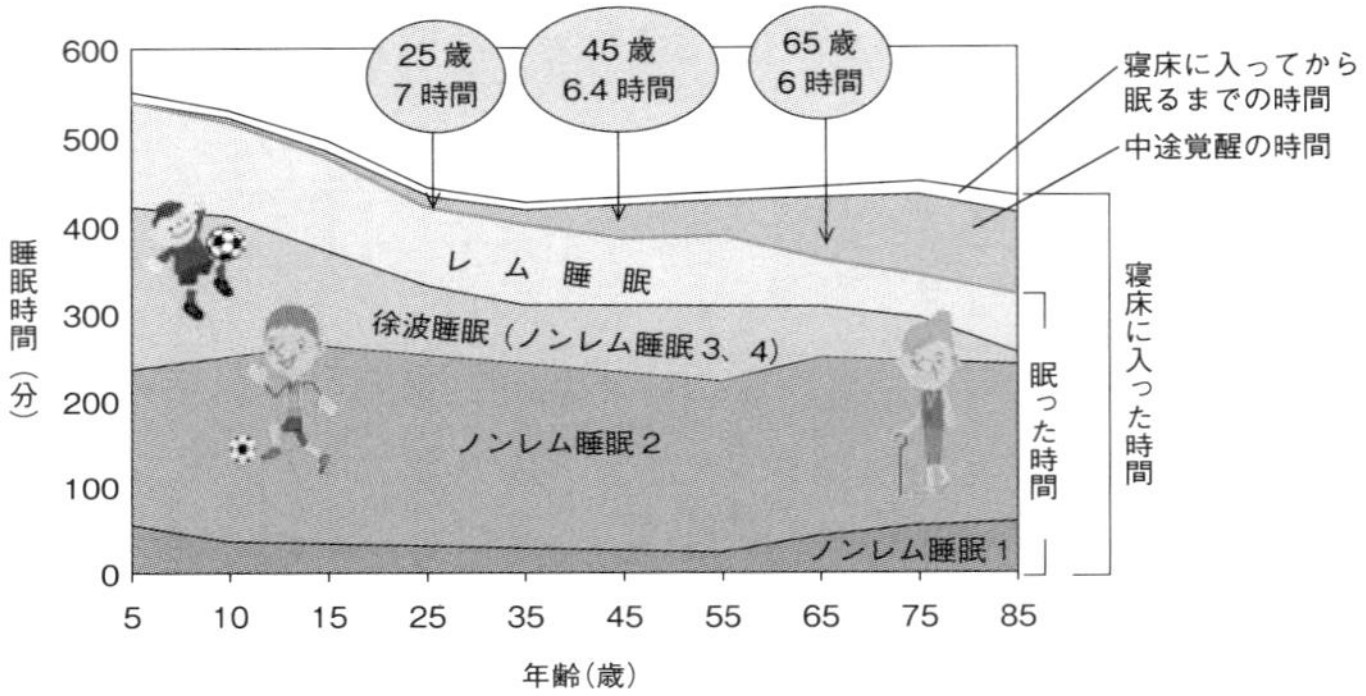

図2―6　年齢と睡眠時間

くなりますが、年齢を考慮すれば、若年者では五時間以下の短時間睡眠が、高齢者層では八時間以上の長時間睡眠が高血圧リスクを高めています。

図2―6に健康な人の年齢別の睡眠時間を示しますが、人は加齢とともに生理的に必要とする睡眠時間または実際に眠れる時間が減少していきます。高齢者で長く寝ていた人が高血圧リスクの高い理由は、不必要に寝室での臥床時間が長いことも影響していたと推測されます。一方、高齢者で睡眠時間が五～六時間である人の高血圧リスクが低い理由は、年齢相応の睡眠時間を守り、活動的であったのではないかと考えられます。

二〇一五年にアメリカ睡眠財団から発表された、睡眠エキスパートへのインタビューによる「推奨睡眠時間と許容睡眠時間」（**表2―1**）を見ると、成人

表2―1　推奨睡眠時間と許容睡眠時間

	推奨睡眠時間	許容睡眠時間
新生児（生後0～3カ月）	14～17時間	11～19時間
乳児（4～11カ月）	12～15時間	10～18時間
年少の幼児（1～2歳）	11～14時間	9～16時間
年長の幼児（3～5歳）	10～13時間	8～14時間
就学児童（6～13歳）	9～11時間	7～12時間
思春期の小児（14～17歳）	8～10時間	7～11時間
青年（18～25歳）	7～ 9時間	6～11時間
壮年・中年（26～64歳）	7～ 9時間	6～10時間
高年齢者（65歳以上）	7～ 8時間	5～ 9時間

が健康を維持するための適切な睡眠時間として、壮年・中年では七～九時間、高齢者では七～八時間とされています。個人差を考慮した許容される睡眠時間は、壮年・中年では六～十時間、高齢者では五～九時間の幅があるとされています。

個人の体質によって必要な睡眠時間に多様性があることを考慮し、七～八時間にこだわるのではなく、個々人に合った睡眠時間をとることが健康の秘訣です。

第三章　睡眠の基礎知識

ヒトはなぜ眠るのでしょうか。「疲れたから眠る」といった、消極的・受動的な生理機能でしょうか。そうではありません。睡眠の役割は、もっと積極的・能動的であり、「明日よりよく活動するため」の脳神経回路の再構築、メンテナンスを果たしていると考えられています。さらに、ヒトは「夜になると眠るようにプログラムされている」から眠ると考えられます。

二〇〇二年に日本学術会議で、新しい研究領域として「睡眠学」が提唱され、国家の重点研究課題として取り上げられました。睡眠学は、睡眠の役割やメカニズムを説き明かす「睡眠科学」、睡眠に関する病気を予防・治療する「睡眠医歯薬学」、睡眠が関係する社会問題を解決する「睡眠社会学」から構成されています（図3―1）。

二〇〇四年、わが国初の睡眠学講座が、滋賀医科大学に開設され、筆者が二〇一六年ま

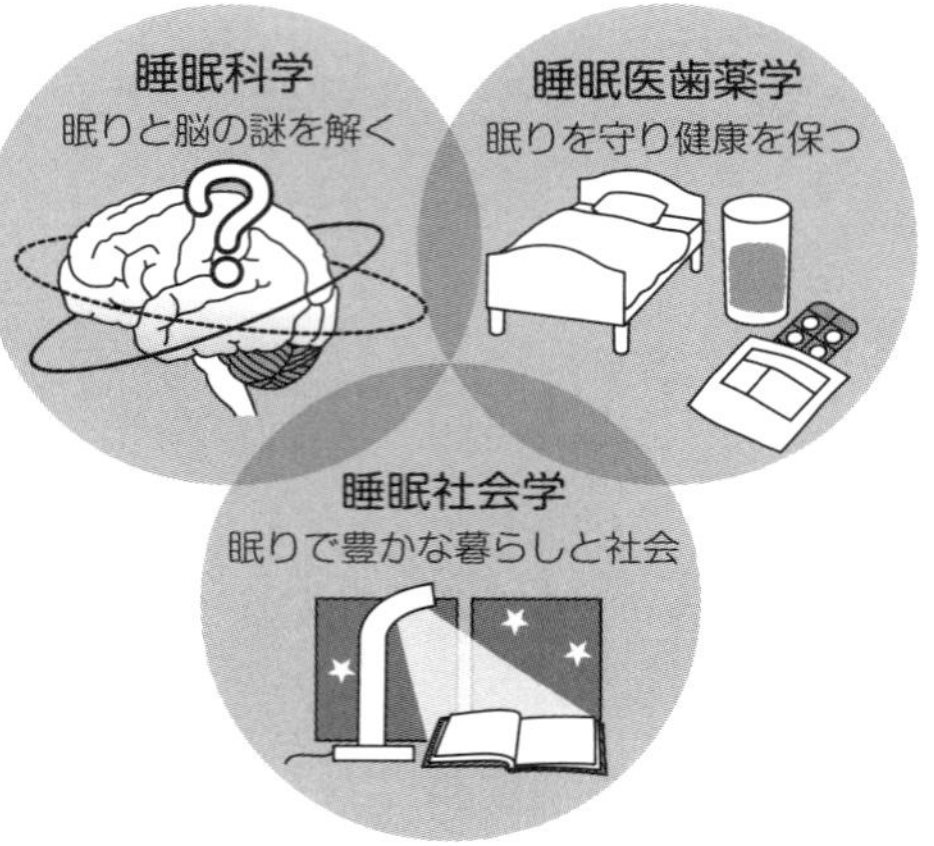

図３—１　睡眠学

で担当しました。二〇〇九年には日本睡眠教育機構（https://jses.me/）が設立され、「よい眠りで、日本を元気に」をスローガンに、睡眠教育や研究、産学連携活動に取り組んでいます。二〇一六年四月からは筆者は中部大学に移り「睡眠からアプローチする認知症予防プロジェクト」を推進しています。

睡眠の役割

ヒトの脳の重さは成人男性で約一四〇〇ｇです。脳は、約千数百億個もの「ニューロン」と呼ばれる神経細胞で構成されています。ニューロンの「樹状突起」や「軸策」では電気的な信号が伝えられます。ニューロン同士をつなぐ「シナプス」では、「神経伝達物質」を介して信

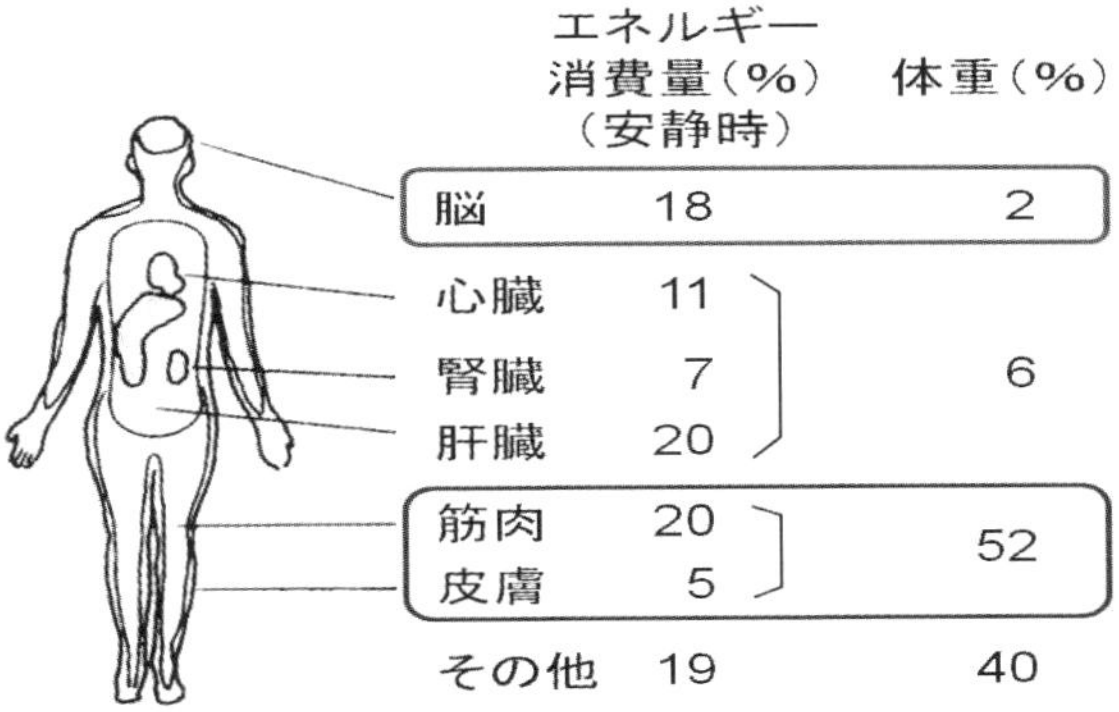

63kg 男性　資料：Aschoff J & Wever R, 1958

図３—２　安静時、器官別のエネルギー消費

号が伝えられます。そのシナプス数は百兆にも上ると見積もられています。例えれば、銀河系には千億個以上の星が輝いていますが、それらの星同士が互いに通信回線でつながっているのと同じようなスーパーコンピューターと同等の構造が我々の脳内に存在しているのです。脳は宇宙をしのぐ壮大なフロンティアであるといわれています。

高度に集積された大脳はエネルギーを大量に消費します。**図3—2**は器官別の重量とエネルギー消費量の割合を示したもので、それぞれの数字は身体全体に占める割合を示しています。脳はわずか二%の重さですが、身体各所からの情報を集中的に処理し、信号を出して全身を制御するため、安静時であっても総エネルギーの十八％も消費するのです。

脳は、非常に繊細で脆弱な臓器です。そのため機能低下しやすく〝連続運転〟に弱いのです。研究によれば、十六時間以上連続して覚醒していると、脳機能は低下し、酒気帯び運転状態と同じ程度にしか機能しなくなることがわかっています。全身の司令塔である脳が機能低下すると、正常な精神活動や身体動作ができなくなり、生存が危うくなります。そこで、疲労した脳を休息させるだけでなく、翌日に備えて修復・回復させるための機能が睡眠です。身体の疲労は、眠らなくても安静にするだけで回復できますが、脳は睡眠をとることでしか修復・回復できないことを理解しておいてください。

睡眠とは「脳による脳のための管理技術」であり、休息するだけでなく、積極的に「脳を創り、育て、よりよく活動させる」機能があると、睡眠物質研究の先達である井上昌次郎先生は、睡眠の役割を説明されています。睡眠は、次の項で述べるように、胎児期や小児期の脳を創り、育てます。成人では、睡眠中に記憶を整理、固定します。十分な睡眠により、脳の情報処理能力は回復し、記憶が強化され、翌日によりよく活動することができるようになります。

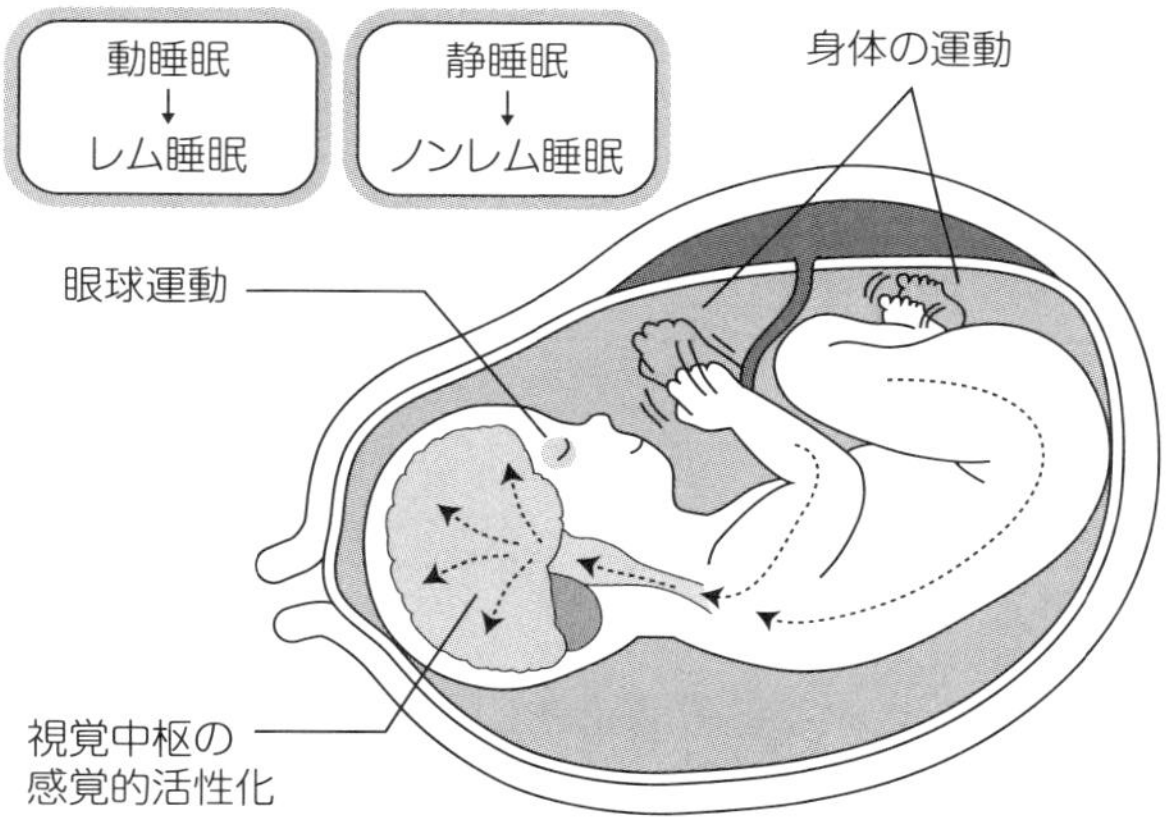

図３―３　胎児の眠りは神経回路をつくる

睡眠は脳を創り、育てる

赤ちゃんが眠っているときに、まぶたの下で眼球がキョロキョロと動いたり、まぶたをパチパチと上下させるとともに、にっこりと天使のような笑顔（新生児微笑）を認めることがありますね。さらに手を伸ばしたり、ものを握ろうとしたりする様子もみられます。新生児は、出生後すぐから、泣いて母親の関心を誘ったり、哺乳したり、さまざまな経験を記憶することが必要です。このような動作ができるように、神経回路を出生前につくるのがレム睡眠の役割と考えられています。

母親の胎内で胎児の大脳ができて、まず現れるのが「レム睡眠」です。この睡眠は、胎児や乳幼児では「動睡眠」と呼ばれます。なぜなら、

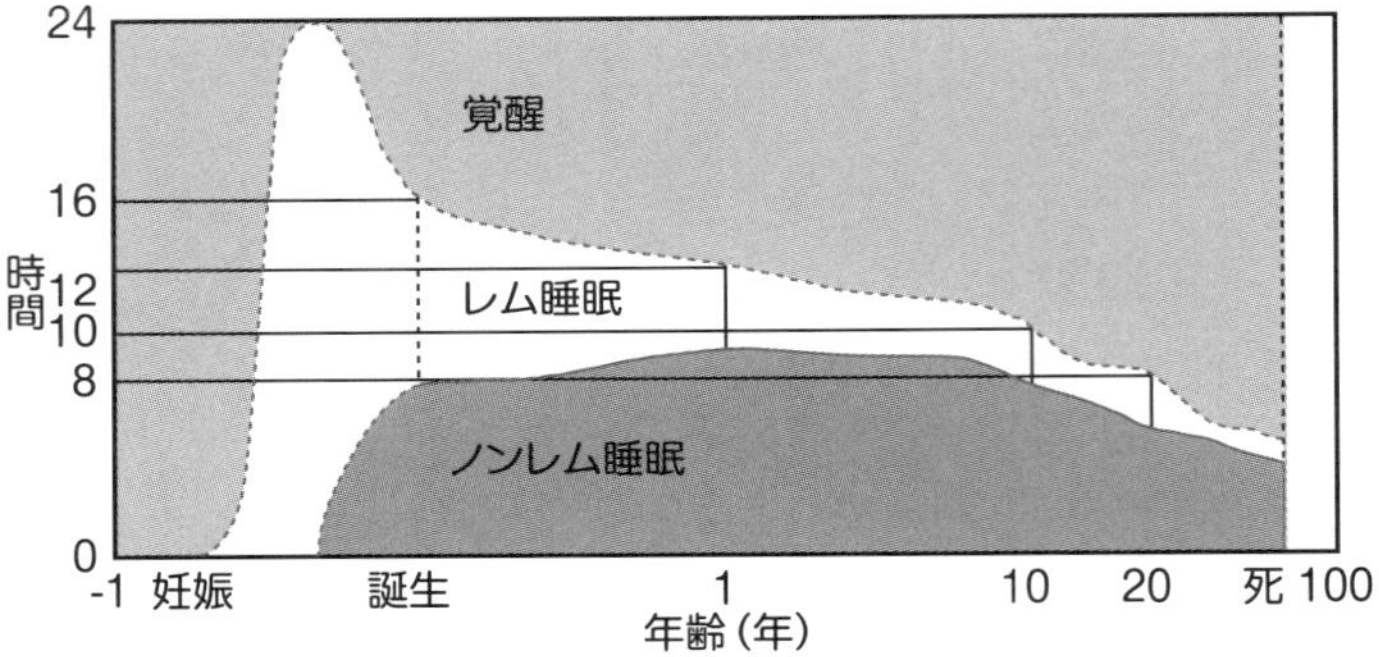

図３―４　年齢による睡眠時間とレム睡眠・ノンレム睡眠・覚醒の割合の推移

出典：HobsonA, 1989（一部改変）

この眠りの状態では中枢神経系や筋肉系を始動させる信号が出され、胎児が盛んに動くからです（**図３―３**）。レム睡眠は、脳の機能を発達させ、意識を覚醒の状態に導くと考えられています。大脳を大きく成熟させる役割をレム睡眠が担っているのです。完成した大脳では「覚醒中に疲労した脳を休息させ、修復する」機能が睡眠の重要な役割となりますが、まだ発育段階にある脳では、逆に「脳を覚醒させる」ことが睡眠の役割となるのです。これは、睡眠の「脳を創り、育てる」役割といえます。

胎児の脳幹の中では、自発的に神経細胞が活動して、レム睡眠を発生させるシステムができます。これと連動して、各種の神経回路の、いわば〝敷設工事〟が行われます。レム睡眠のスイッチを入

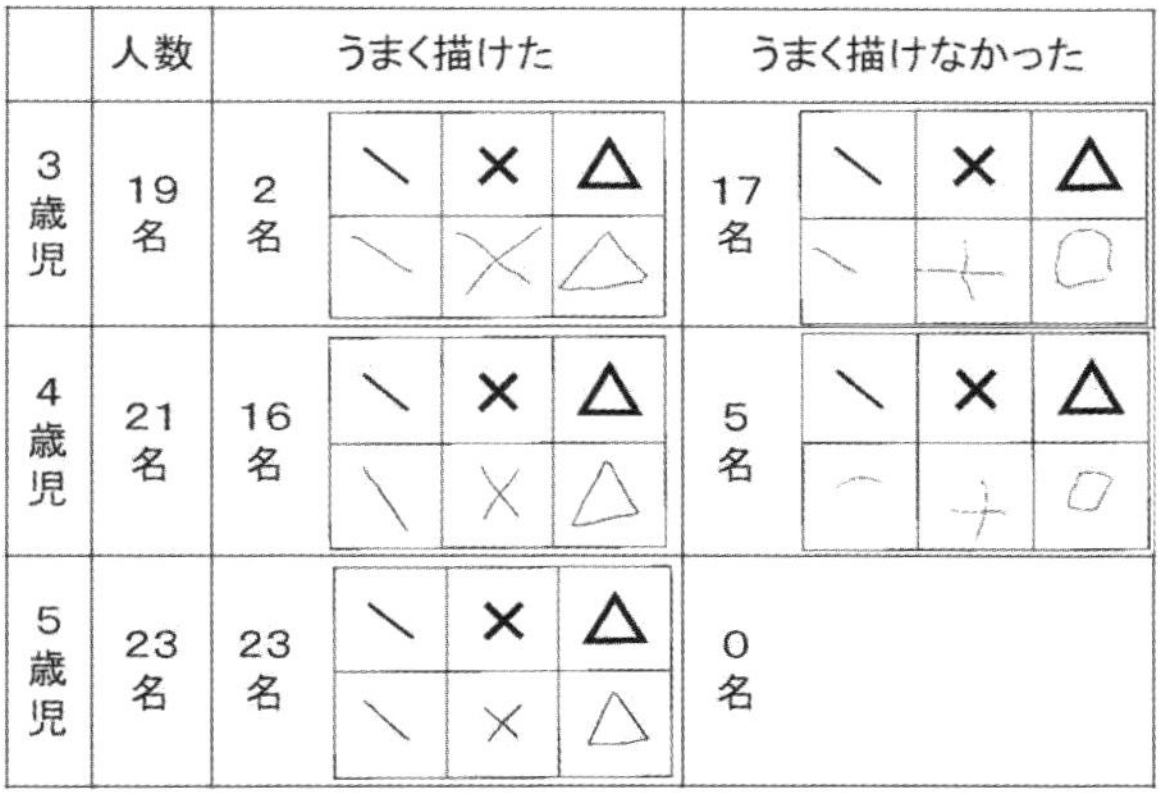

図３―５　保育園児の年齢別、図形模写能力（静岡県での調査）

れる神経細胞が活動して、出生後に働くことになる一連の神経細胞に対して信号を送り、それらが活動するように刺激するのです。その結果、神経細胞のつながった回路に情報が通りやすくなり、最終的には運動動作を制御する神経回路が形成されると考えられています。

生まれたばかりのヒトは未熟です。とりわけ脳は成熟するまでに十数年を要します。脳内の神経回路づくりは乳幼児期にも継続されます。新生児がよく眠ること、レム睡眠が多いこと（**図3―4**）、レム睡眠の割合が発育とともに劇的に減っていくのはこのような理由によると推測されています。

静岡のある幼稚園で、三～五歳の園児に、**図3―5**のように「＼、×、△」を描いてもらいました。三歳児では、「＼」は描けるものの、「×」や

規則的で早寝の五歳児

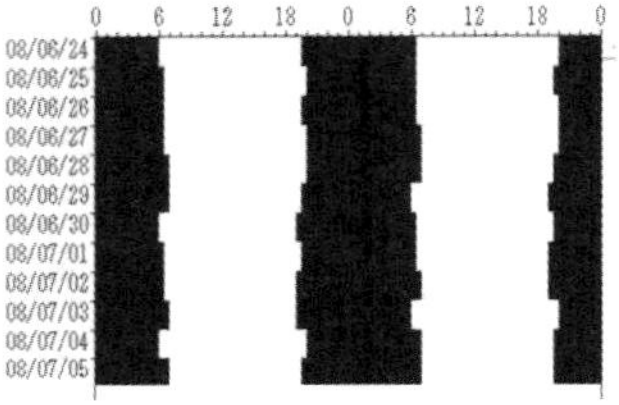

睡眠の規則正しい
五 歳児の三角形模写。
うまく描けなかった子ども
は 23/188（12%）

不規則で遅寝の 五 歳児

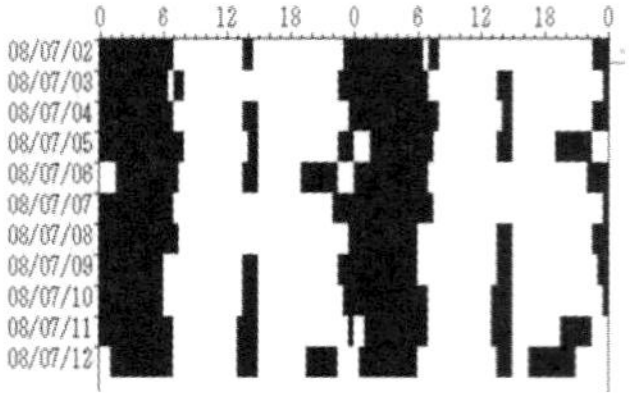

睡眠の悪い
五 歳児の三角形模写。
うまく描けなかった子どもは
15/34（44%）

資料：和洋女子大学、鈴木みゆき先生

図３―６　五歳児の生活リズム例と三角形模写

「△」は大半が描けませんでした。五歳児になると全員が、正しく模写できるようになっていました。「△」を描けるのは平均的な五歳児の知能発達段階と考えられています。

　和洋女子大学の鈴木みゆき先生が、東京の保育園児二二六名を対象に行った睡眠の規則性と脳機能の発達についての調査結果は興味深いものです。図3―6のように、規則正しく早寝・早起きをしている五歳児一八八名と、遅寝、遅起き、長時間の昼寝をしている五歳児三四名に三角形を描かせた研究では、睡眠リズムの乱れている子どもの四四%が三角形を正しく認知できず描けなかったのです。適切な睡眠・覚醒リズムが脳機能の発達に重要であることがわかります。

　レム睡眠が「浅い眠り」ともされるのは、脳を活性化して、覚醒を促す役割を担っているからです。胎児脳を覚醒へと導く原動力こそレム睡眠であり、この側面は、成人になってからは機能を縮小するものの、重要な役割を果たしています。脳が休息状態から自動的に目覚められるのは、レム睡眠が一定間隔で作動しているからです。

睡眠の構造と機能

高等動物の睡眠は大きくレム睡眠とノンレム睡眠に分かれます。レム睡眠期にはまぶた

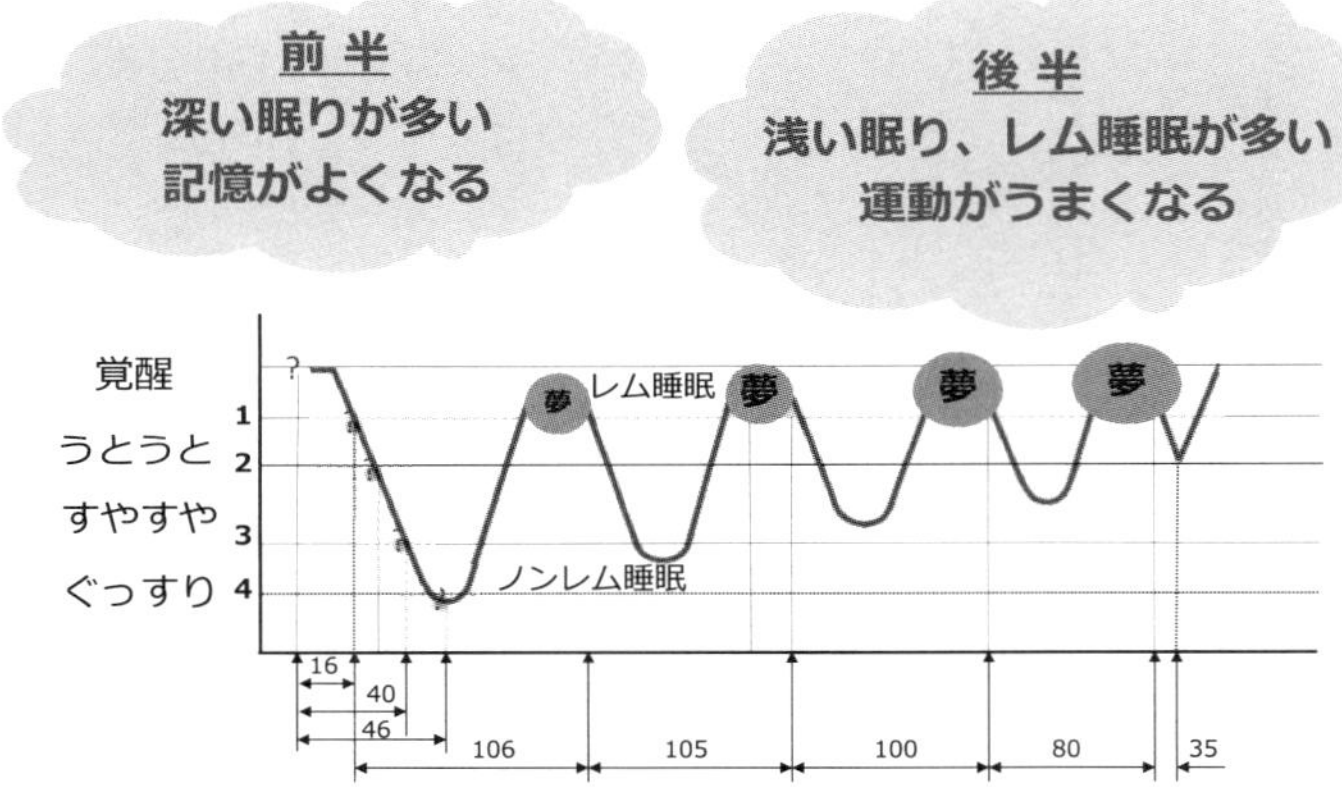

N =147・実験回数＝399 夜・被験者平均年齢＝29.6 歳

Source : Sleep disorders Center, Stanford University

図3—7　眠りの構造と機能①

の下で、眼球が「キョロキョロ」と動く特徴があります。レム睡眠の名称はこの急速眼球運動（Rapid Eye Movement: REM）の様子から名づけられています。それに対してノンレム睡眠は、レムでない睡眠（Non-REM）という意味です。

成人では、ノンレム睡眠とレム睡眠とが約一・五時間を一単位として時間的な構造をつくっています。基本的には、ノンレム睡眠とレム睡眠とがこの順に一対となって現れます（図3—7）。

睡眠初期には深いノンレム睡眠が多く、睡眠後半には、浅い睡眠とレム睡眠が多くなります。ノンレム睡眠は意識水準を下げるだけでなく、体温・血圧・脈拍・呼吸数

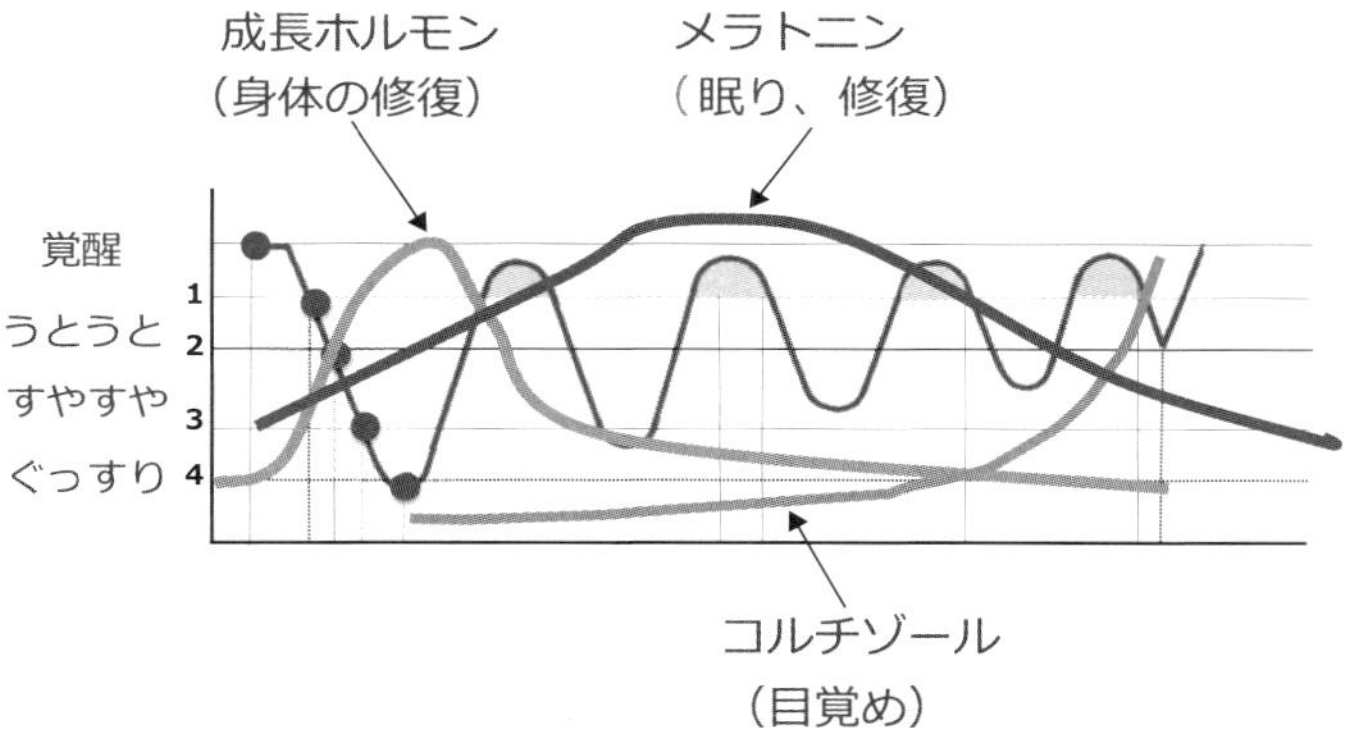

図3―8　眠りの構造と機能②

などの低下とも連動して、全身を休息モードに維持します。

レム睡眠期には脳が活性化し、しばしば夢をみます。また、体温や心肺機能を微調整する機能が不備なので、明け方に近づきレム睡眠が増えるにしたがって、ノンレム睡眠中に低下してしまった体温が上昇してきます。血圧や呼吸の乱れも生じます。こうして、朝に向けて全身が覚醒モードへ移行していくのです。さらに、レム睡眠時には、脳は覚醒準備状態であり、しかも外部から脳への入力が届きにくくなっているので、情報を再編成するのに有用であるとも考えられています。

睡眠中には、身体は休息しているだけでなく、明日に備えて次のような各種のホルモンを分泌し（図3―8）、体内環境を整備しているのです。

〈成長ホルモン〉

成長ホルモンは脳下垂体から分泌されます。成長ホルモンの分泌は、「睡眠に依存」しており、寝入りばなの深いノンレム睡眠期に集中して分泌されます。成長期の子どもでは身体の成長を促し、成人では組織の損傷を修復することで、疲労回復に役立つのです。「寝る子は育つ」ということわざは、こうした事実に裏付けられています。

〈メラトニン〉

メラトニンは、体内時計の働きによって朝の光を浴びてから十四〜十六時間後に血中濃度が増大し始め、眠りの準備をもたらします。メラトニンは「明暗に依存」して分泌されます。眠る前に明るい照明環境にいると、その分泌は抑制され、寝つきを悪くする原因となります。さらにメラトニンは、ヒトでは睡眠作用のほかに、性的成熟抑制作用、活性酸素の中和作用、抗加齢、抗がん作用等多様な生理作用を持ち、体を夜の間に修復しています。

〈コルチゾール〉

コルチゾールは副腎皮質から分泌されるホルモンで、代謝促進作用を有し、ストレスに応じて分泌量が増大します。起床前に最大値を示すことから、覚醒に備えて体温や血糖値を上げ体内環境を整える働きがあると考えられています。コルチゾールは、「時刻に依存」して分泌されますから、「目覚めのホルモン」と考えてもよいでしょう。つまり、覚醒時刻はほぼ決まっており、遅く寝た翌日でもいつもの時刻に目覚めることになり、結果として睡眠不足を生じることになります。ヒトが生きていくうえで最も大事なのは活動することであり、昼行性のヒトは朝に起きて働くようにプログラミングされているのです。

睡眠と記憶、学力

睡眠は、身体や脳の疲労を回復させる恒常性維持機能のみならず、記憶との関連性についても重要な役割を果たしていることが、近年明らかにされてきています。

記憶には、電話をかけるときの番号など、少しの時間だけ覚えておけばよい短期記憶と、知識や経験など長時間にわたって保たれ続ける長期記憶があります。

長期記憶は、宣言的記憶と手続き記憶に分かれています。宣言的記憶とは、さまざまな事実についての記憶であり、言葉で表すことができるものです。これに対して、運動技能や習慣などに関する記憶が手続き記憶です。これら長期記憶の統合と定着に睡眠が大きな役割を果たしているという報告が、数多くされています。

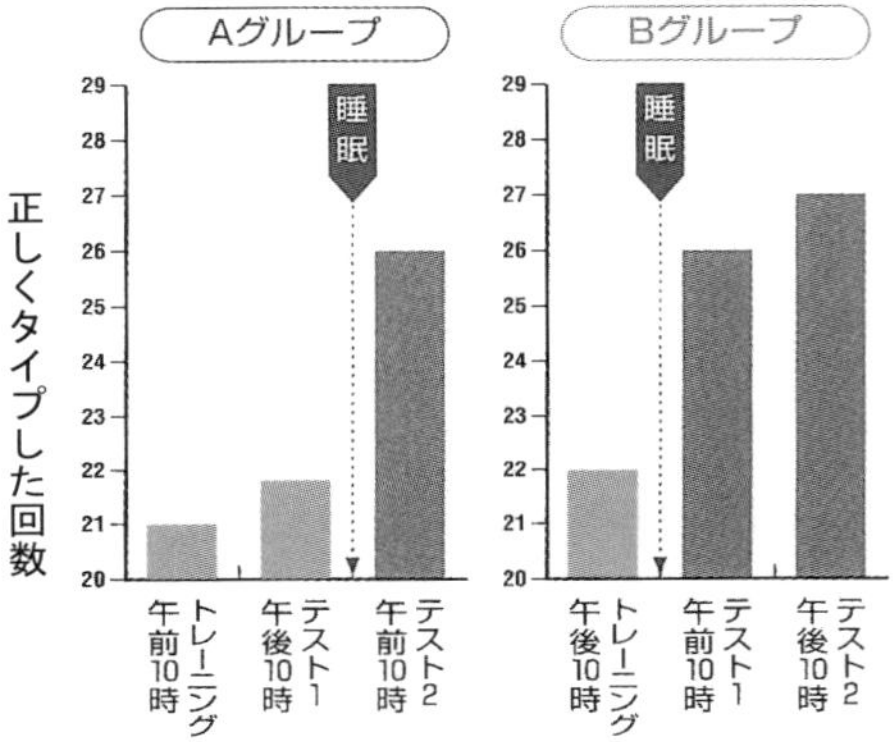

資料：Walker et al，2002を改変

図３－９　眠りで技能が向上

手続き記憶に関する研究で代表的なものを紹介します。図3―9のように、実験の参加者に「できるだけ速く正確に、決められた順序（1―4―2―3―1）でキーをたたく」という課題を出し、その後、覚醒期間あるいは睡眠期間をおきました。覚醒期間をおいた場合は、成績（正しく打てた回数）に向上は見られませんでしたが、睡眠期間をおいた場合は、成績が飛躍的に向上していました。このような技能向上は、練習量とは関係していないことから、睡眠による技能向上は、独立した過程であると考えられています。

英単語の記憶など宣言的記憶に関しても睡眠は関係しています。図3―10は、睡眠と記憶の関係を調べたもので、前半の実験では、二四対

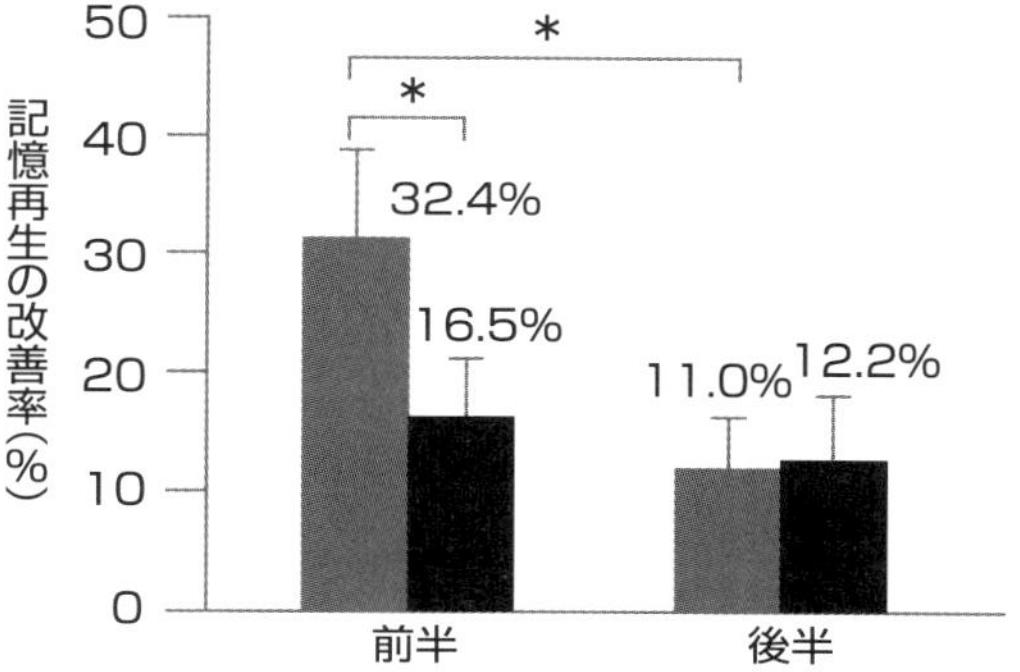

(Plihal & Born、1997)

前半群：午後10時15分～午後11時に学習し、成績が基準（60%）に達したら午後11時に消灯、3時間後に覚醒、テスト。

後半群：午後11時に消灯、3時間睡眠後起床、15分後に学習し、基準に達したら消灯、3時間睡眠後に覚醒、再テスト。

図3—10　眠りで記憶が向上

の単語を午後十時十五分～十一時まで学習、記憶が六〇％に達した時点で学習をやめ、三時間睡眠をとったグループと睡眠をとらないグループの、記憶再生の改善率をみたものです。その結果、前半の三時間の睡眠をとったグループのほうが、眠らずに起きていたグループに比べて、明らかに記憶再生がよいことがわかりました。ただし、睡眠後半の時間帯では差がなかったことから、単語の記憶では、特に睡眠前半の時間帯で記憶が向上することがわかります。

　睡眠時間の長さは学習成績にも関係します。小学生の就寝時刻と学力偏差値の関わりをみると、**図3—11**のように、午後八時

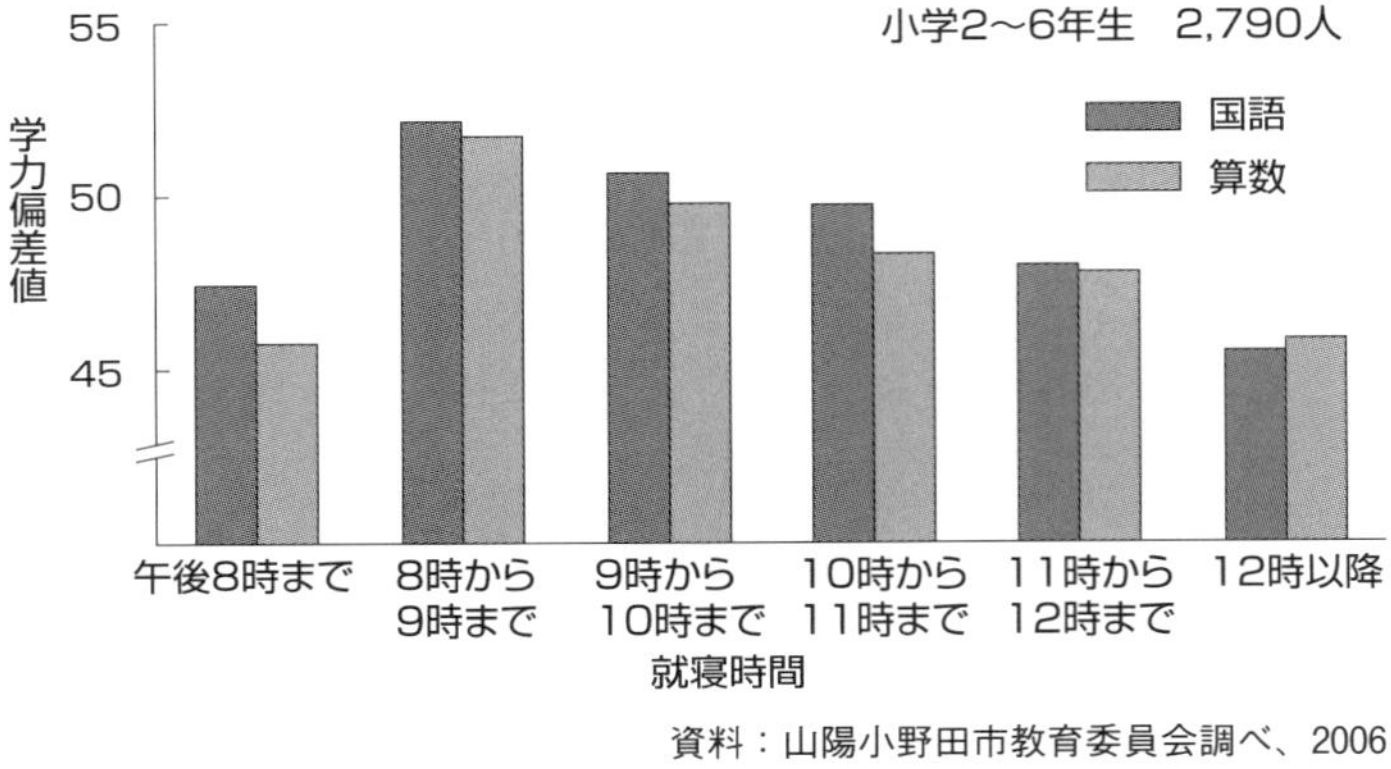

図3—11　就寝時間と学力偏差値

以降九時までに就寝する子どもたちの偏差値が最も高く、就寝時刻が遅くなるにつれて低下していました。また、午後八時より早く就寝している場合も偏差値が低かったのです。睡眠時間が短いのはよくないのですが、長すぎてもよくありません。年齢に応じた適切な睡眠時間をとることが大切です。

睡眠のメカニズム

睡眠のメカニズムを理解するうえで、日々の経験が役立ちます。人それぞれに就寝時刻と起床時刻は、ほぼ決まっていて、通常は夜間に睡眠をとります。これは、体内時計機構と呼ばれる、睡眠が体内時計の支配を受けていつ眠るのかのタイミングを決めている調節機構です。さらに、仕事や

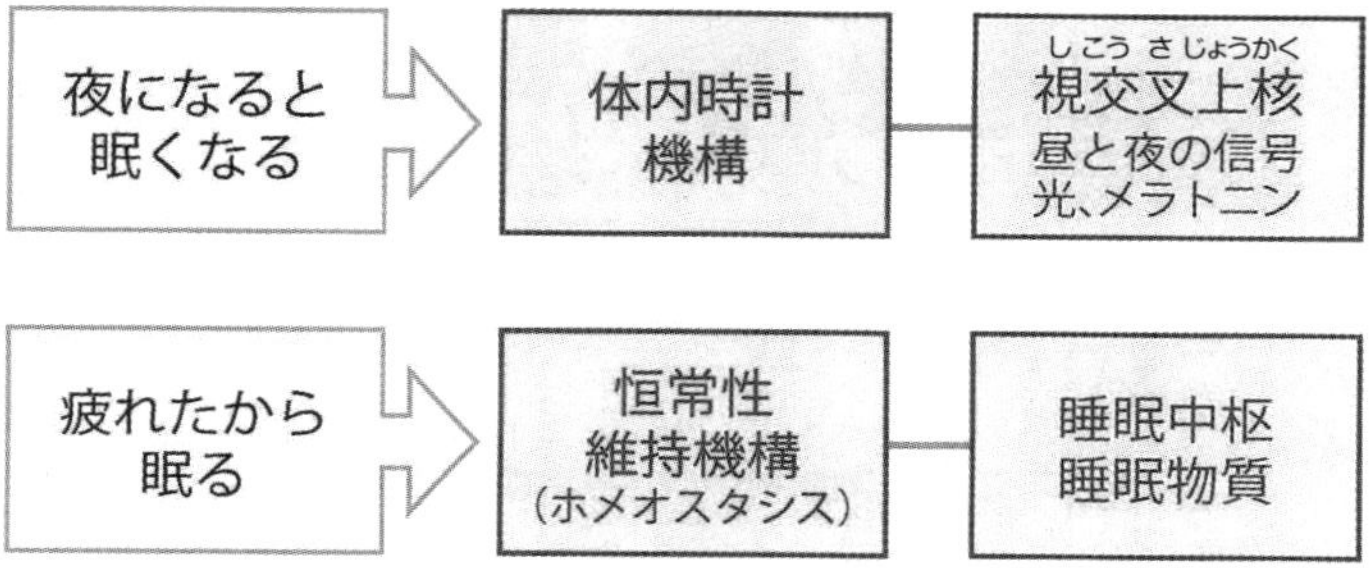

図３―12　睡眠のメカニズム①

娯楽で夜ふかしをして睡眠時間が短くなると、翌日は日中から眠く、夜の睡眠時間も長くなり、深い睡眠の割合が増えます。逆に、昼寝をしすぎると、その夜はなかなか眠くなりません。これらの事実は、私たちが常に一定量の睡眠を確保しようとする調節系、すなわち恒常性維持機構（ホメオスタシス）を備えていることを意味しています。つまり、私たちの睡眠は体内時計と恒常性維持の二種類のシステム（図3―12）で調節されています。これら体内時計機構と恒常性維持機構の二つが、状況に応じて相互に関連しながら、睡眠の質・量およびタイミングを制御しています。

⑴　体内時計機構

ヒトの生体リズムは多くの動物と同じように体内時計によって調節され、約二五時間の周期（概日リズム）で活動と休息のリズム信号を出していますが、二四時間周期で変化する外部環境とは約一時間のずれを生じています。このず

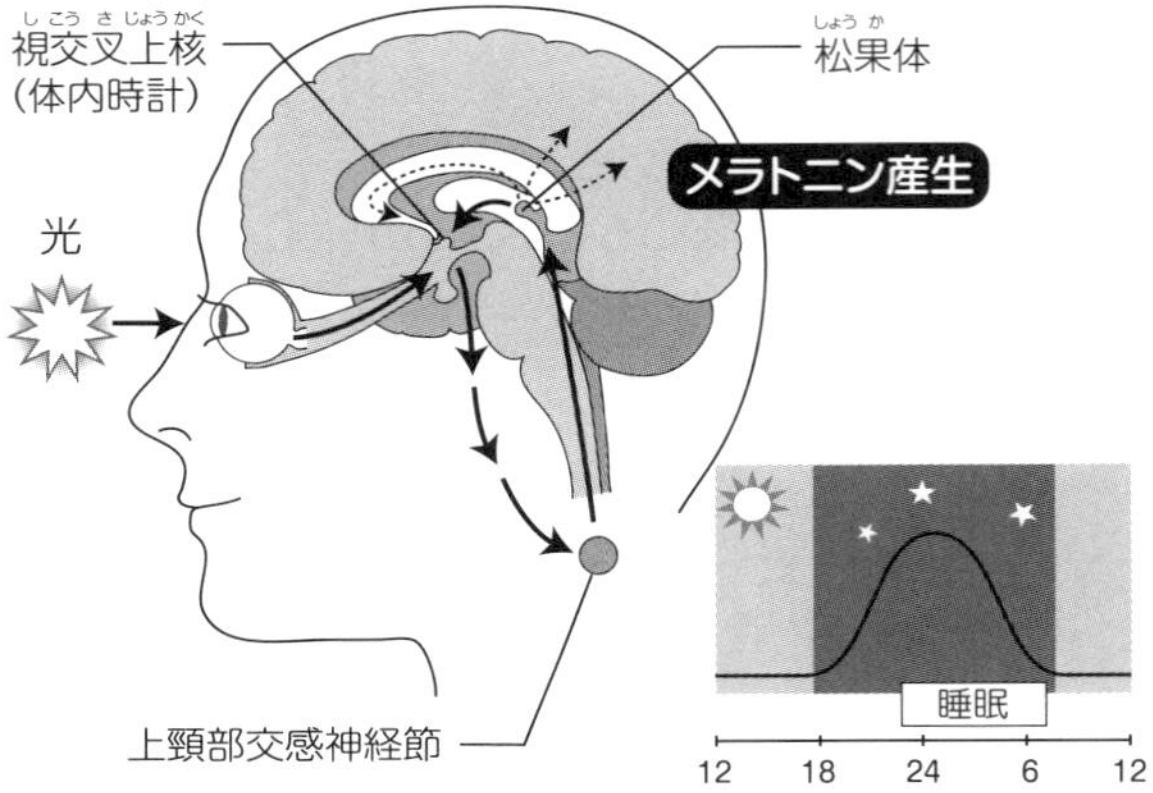

図3―13　睡眠のメカニズム②

れを調節する重要な役割を果たしているのが〝光〟で、光信号が目から入り、体内時計としての役割を果たす視交叉上核《しこうさじょうかく》へ伝達されてこのずれをリセットし、昼間の明環境と夜の暗環境が正常な睡眠・覚醒リズムを作り出しています。

通常、起床直後に太陽光が目から入ると、体内時計に時刻の情報として伝達され、朝の時報に体内時計を合わせます（**図3―13**）。こうして体内時計によってリセットされた時刻から十二～十三時間は代謝が高められ、血圧、脈拍が高めに保持され、覚醒して活動するのに適した状態になります。これが朝の光を浴びてから十四～十六時間くらい経過して暗くなると、松果体からメラトニンの分泌が始まり、手足の末端からの放熱が盛んになります。こうした放熱により身体の内部や脳の温度が低下してくると、一～二時間のうちに自然な眠気が出現するのです。つまり、太陽光に対する体内時計のリセット機能により、朝起床して太陽光を最初に浴びた時刻に応じて、夜に眠気が出現し自然に眠くなる時刻が決定されています。朝の起床時に十分な太陽光を浴びずに、暗い部屋で昼過ぎまで眠っていると、こうした概日リズムのリセットが適切に行われず、その日の入眠時刻が遅くなってしまいます。一方、夕方から夜の時間帯に強い光を浴びると、昼の時間が延長することになり、休息への準備が遅れ、結果的に入眠時刻が遅れることになります。

(2)　恒常性維持機構

〈アデノシンの作用〉

アデノシンは脳内投与により睡眠を誘発し、その濃度は大脳皮質と前脳基底部において断眠時間に依存して上昇し、その後の睡眠中に減少するため、従来から内因性睡眠物質の一つであると考えられてきました。中枢神経系には四種類のアデノシン受容体（A_1、A_{2A}、A_{2B}、A_3）が存在します。このなかでA_1受容体とA_{2A}受容体が睡眠調節に関係すると考えられています。

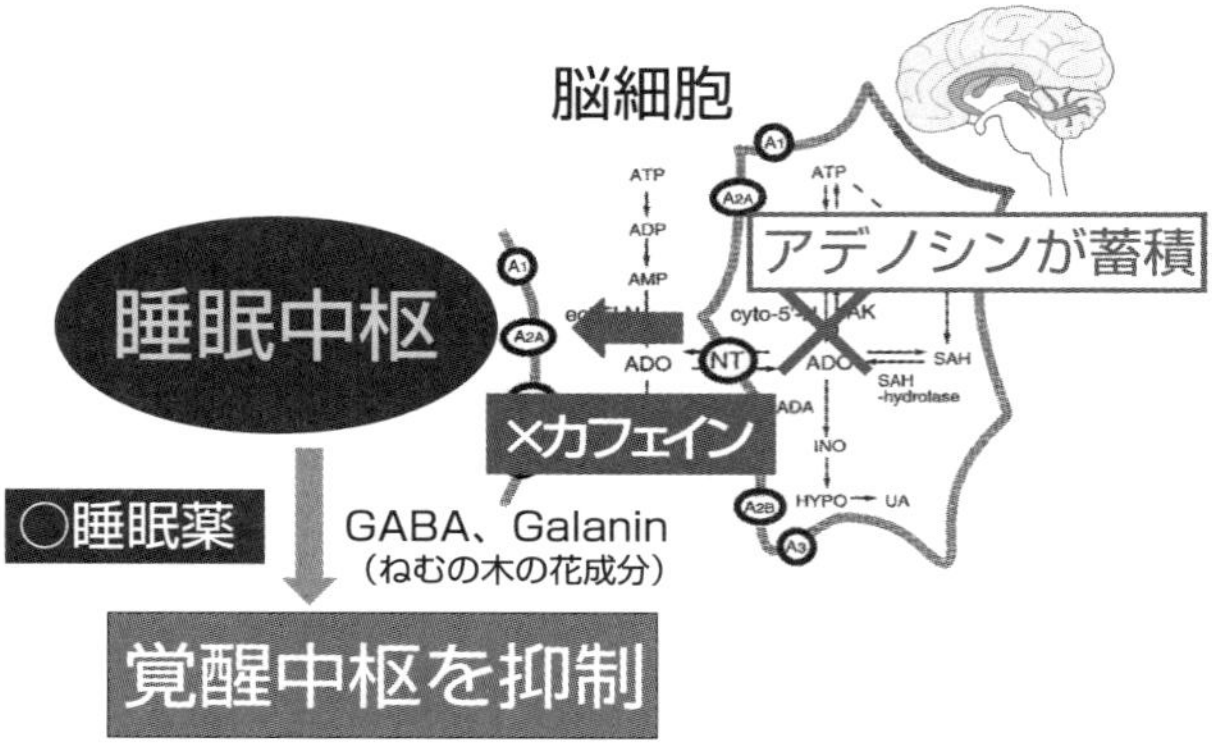

資料：佐藤伸介 2009を改変

図3―14　疲れるとアデノシンが蓄積、睡眠を誘発

〈プロスタグランジンD_2‐アデノシンA_{2A}受容体‐ヒスタミン〉

覚醒が長く続くとプロスタグランジンD_2が蓄積します。蓄積したプロスタグランジンD_2はアデノシンの増加を誘発し、アデノシンA_{2A}受容体を活性化します。視床下部の前部に存在するＧＡＢＡ（ガンマアミノ酪酸）神経群は後部に存在するヒスタミン神経群に投射しており、抑制的に働いていますが、アデノシンA_{2A}受容体の活性化は、このＧＡＢＡ神経群の働きを強くし、結果、ヒスタミン神経の活動を低下させます。ヒスタミン神経は、皮質などの神経の活動を高める働きを持っており、その活動低下はノンレム睡眠を引き起こします。カフェインは、アデノシン受容体を阻害する働きを持っており、**図**

3―14のルートを途中で阻害することがカフェインの覚醒作用であると考えられます。現在広く用いられているベンゾジアゼピン系睡眠薬は、睡眠中枢が覚醒中枢をＧＡＢＡを介して抑制するのを増強することにあります。

参考資料

1）井上昌次郎著『眠りを科学する』朝倉書店　二〇〇六年
2）Hobson JA　Sleep. Freeman 1989〔J・アラン・ホブソン（井上昌次郎、河野栄子　訳）『眠りと夢』東京化学同人　1991〕
3）宮崎総一郎著『脳に効く「睡眠学」』角川SSコミュニケーションズ　二〇一〇年

第四章　眠気を評価してみよう

皆さんが日中、眠気に襲われる程度はどのくらいでしょうか。また、過剰な眠気が、日中の活動に悪影響を及ぼしていないでしょうか。ここでは、あなた自身の眠気を評価してみましょう。

眠気の評価質問票「ＥＳＳ」

表４―１は、筆者の友人であるマレー・ジョーンズ先生（オーストラリア）が開発した「眠気の評価質問票」を、京都大学教授の福原俊一先生が中心となって訳された日本語版です。これは、世界中で最も広く用いられている眠気評価法です。この質問票は、ジョーンズ先生が働いていたエプワース病院で開発したので、「エプワース・スリーピネス・スケール」と呼ばれ、一般には「ＥＳＳ」と言われています。

このＥＳＳは、エプワース（Epworth）病院の「Ｅ」、眠気（Sleepiness）の「Ｓ」、尺度を意味するScale の「Ｓ」、の頭文字をとったものです。

実際にやってみよう！

では早速、この質問票をやってみましょう。なお質問に答える際には、いま現在あなたが感じている眠気ではなく、最近の平均的な日常生活を思い浮かべて答えてください。

最初の項目は、「座って新聞や本を読んでいるときに、あなたはうとうとする可能性がありますか？」です。ほとんどない場合は０点、少しある場合は一点、半々くらいでは二点、高い場合は三点です。あてはまる点数に、◯をつけてください。以下、八つのすべての項目に必ず答えることが必要です。終了したら、合計点数を算出します。

このＥＳＳによる評価は、あくまでも自覚的なものであり、客観的に正確に評価できないこともあります。ただ同一人物では、治療前後で眠気の変化を見たり、集団の眠気を比較したりするのに有用です。あなたの点数が、二四点満点のうち十一点以上あれば、それは病的な眠気であると判断されます。十六点以上ある人は、かなり眠気が強く、交通事故の頻度が高くなるとされています。ナルコレプシーという、どこでも寝てしまう病気では

表4—1　エプワース眠気尺度（ESS）

もし、以下の状況になったとしたら、どのくらいうとうとする（数秒～数分眠ってしまう）と思いますか。最近の日常生活を思い浮かべてお答えください。

以下の状況になったことが実際になくても、その状況になればどうなるかを想像してお答えください（1～8の各項目で、○は1つだけ）。できる限りすべての項目にお答えください。

	うとうとする可能性はほとんどない	うとうとする可能性は少しある	うとうとする可能性は半々くらい	うとうとする可能性が高い
1) 座って何かを読んでいるとき（新聞、雑誌、本、書類など）	0	1	2	3
2) 座ってテレビを見ているとき	0	1	2	3
3) 会議、映画館、劇場などで静かに座っているとき	0	1	2	3
4) 乗客として1時間続けて自動車に乗っているとき	0	1	2	3
5) 午後に横になって、休息をとっているとき	0	1	2	3
6) 座って人と話しているとき	0	1	2	3
7) 昼食をとった後（飲酒なし）、静かに座っているとき	0	1	2	3
8) 座って手紙や書類などを書いているとき	0	1	2	3

⬇

あなたが選んだ点数の合計で自覚的な眠気を判定

6点以下	眠気なし	
7～10点	やや眠気あり	
11～15点	病的な眠気	眠気あり
16点以上		眠気強い

二〇点以上になることもしばしばです。ちなみに、交代勤務の方々を対象にして調べると、十点前後になることが多いようです。

ＥＳＳで注意すべき点は、ＥＳＳによる評価の点数が低いからといって、眠気がないとはいえないことです。あくまでも眠気は自覚的なものであり、客観的な評価とは異なる場合があることを知っておいてください。

また、企業の睡眠時無呼吸症候群検診をこの質問票だけでスクリーニングしている場合がありますが、眠気は睡眠時無呼吸だけで生じるわけでなく、また重症の睡眠時無呼吸患者でも眠気を訴えないことが多々あることを理解しておく必要があります。質問票の限界を知って、正しくＥＳＳを使用することが重要です。

事例　ESSを活用して睡眠障害が改善

ＥＳＳを用いて経過を見ていき、その後、睡眠が改善した事例を紹介します。

Ａさん（二八歳、女性）は日中の眠気、倦怠感に悩まされていました。さらに、いびきや無呼吸もあるとのことで、筆者の睡眠外来に来られました。ＥＳＳを実施してもらったところ、点数は十四点とかなり高値でした（正常は六点以下）。

睡眠時間は、平均六時間程度ですが、休日は一日中寝ているということでした。週に三〜四日は寝つきが悪く、三〇〜六〇分ほどかかることもしばしばあるとのこと。また、話をよく聞いてみると、入眠前に一時間程度、友達と携帯電話によるメール（以下、携帯メール）のやりとりをするのが常とのことでした。そこで、まずは携帯メールを少し控えるように指導しました。

しばらくして、Ａさんが来院されたので話を聞くと、「以前は深夜一時ごろまで携帯メールをしていましたが、十二時までに控えました。メールをやめてから間もなく、寝つきがよくなり、ぐっすり眠れるようになりました。これまで眠気や倦怠感のために断っていた外出も、できるようになりました。眠気も改善し、友達との旅行にも出かけられました。その後も引き続き、夜の携帯メールを中止していますが、とても元気になりました」ということでした。そこで再びＥＳＳで評価すると、点数は七点となっていました。

参考・引用資料

1）Johns MW : A new method for measuringdayime sleepiness : the Epworth sleepinessscale. Sleep, 14 : 540 -545, 1991.

2) Takegami M, Suzukamo Y, Wakita T, et al : evelopment of a Japanese version of theEpworth sleepiness scale (JESS) based onitem response theory. Sleep Med, 10 : 556-565, 2009.

3) 林光緒、宮崎総一郎、松浦倫子著『睡眠習慣セルフチェックノート』全日本病院出版会 二〇一五年

第五章　プレゼンティズムと睡眠

プレゼンティズムとは

プレゼンティズムとは、「出勤しているにも関わらず、心身の健康上の問題により、十分にパフォーマンスが上がらない状態」を意味します。近年、職場の大きな問題として指摘されているプレゼンティズムの主要な原因のひとつに、睡眠不足が挙げられています。

現代日本では睡眠不足は当たり前、寝不足や徹夜は気合いで乗り切ることが当然といった風潮が一部にあります。しかし、睡眠不足は本人が自覚する以上に、確実に動作や反応スピードを低下させます。

自覚的な眠気と、客観的な作業能力を見た研究があります（図5―1）。これは、健康な成人を対象に、全く寝ない状況、四時間睡眠、六時間睡眠、八時間睡眠の条件で、自覚的な眠気と客観的な作業能力を、二週間にわたって観察したものです。この図を見ると、全

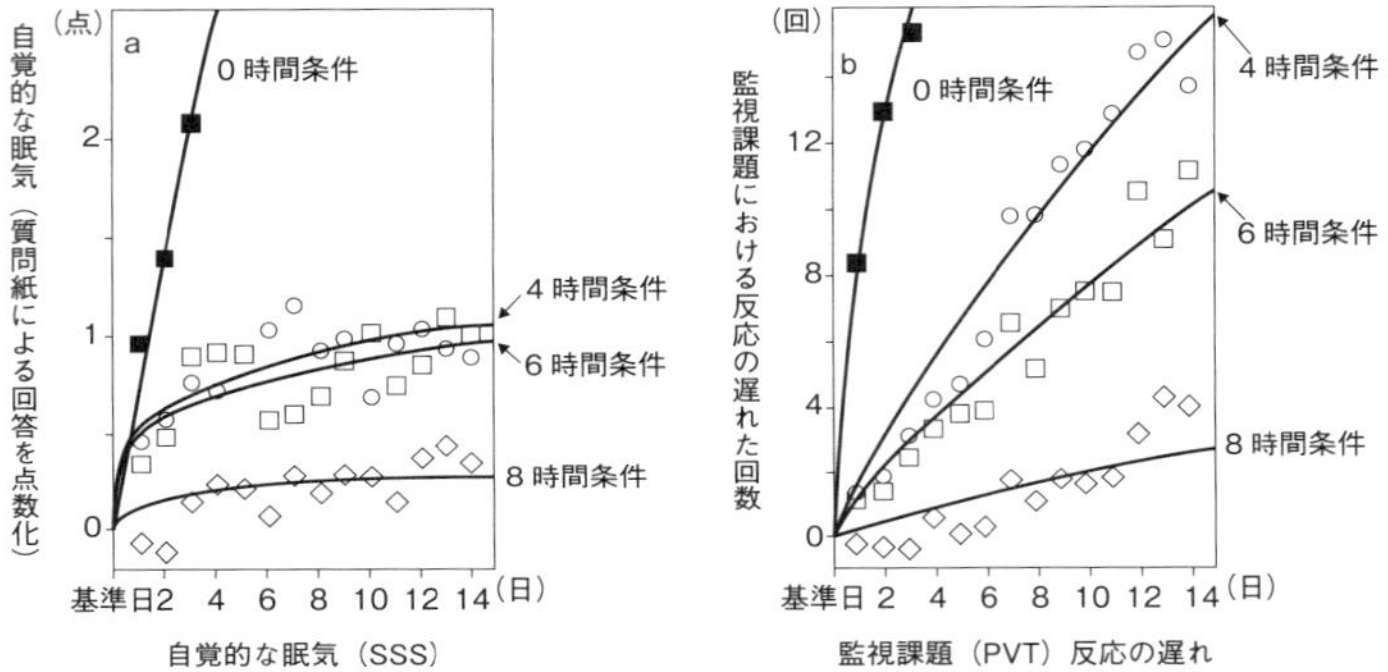

出典：Van Dongen HP, et al . Sleep 2003

図5―1　睡眠不足での自覚的眠気と反応遅延

く眠らない状況では、自覚的な眠気と、作業能力の低下度は、きれいに相関しています。つまり、眠気が強くなるほど反応が遅れていました。しかし、四時間睡眠や六時間睡眠では、自覚的な眠気は三日目以降はあまり強くならなかったのに対し、実際の作業能力は睡眠時間の程度に応じてきれいに低下していました。

この研究結果は、人は睡眠不足がたまった状態では、自分の眠気を正確に評価できないことを意味しています。つまり、自分では「眠くないので大丈夫」と思っていても、実は身体は睡眠不足のためすぐに反応できない状態になっており、作業ミスや事故の原因となることを意味しています。「多少の睡眠不足なら大丈夫！」と思っていても、慢性の睡眠不足では確実にパフォーマンスが低下夜10時まで働くと酒気帯び運転状態！

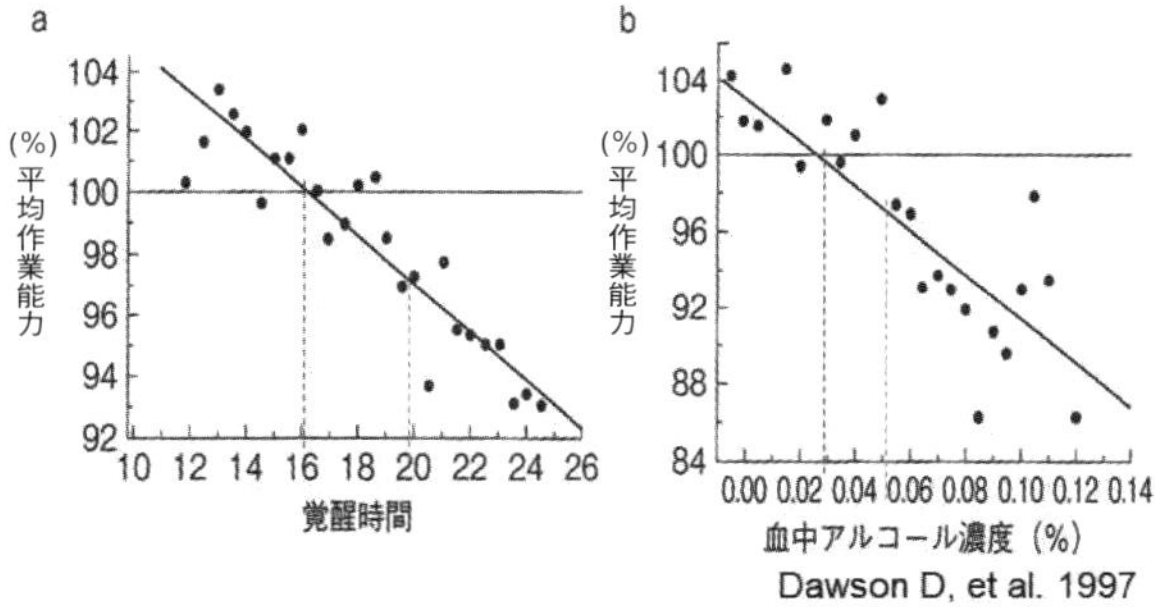

図5―2　慢性の睡眠不足と作業効率

することを認識しておく必要があります。

また、朝から起き続けた時間と、アルコールを摂取したときでの作業能力を比較した研究があります。この研究からは、十六時間起き続けていると、酒気帯び運転（血中アルコール濃度〇・〇三%）状態と同じくらいの作業能力しかないという結果（**図5―2**）が出ています。このことから、長時間労働後の帰宅の際の車の運転には注意が必要であると言えます。

睡眠とヒューマンエラー

睡眠が不足すると、作業能力が落ちてしまい、エラーが多くなります。実際、重大なエラーである眠気に由来した交通事故は、全交通事故の十六%、高速道路での事故の二〇%を占めるという報告があるほどです。

眠気とヒューマンエラーについては、さまざまな研究がありますが、眠気の発生要因とヒューマンエラー・交通事故についての研究を紹介しましょう。

東京医科大学睡眠学講座の駒田陽子准教授らは、被験者の脳波の動きを調べることで、眠気がエラーに及ぼす影響を検討しています。その結果を見ると、眠気が強い状況では作業エラーが増加するだけでなく、自分のエラーに気付く能力が低下することがわかったのです。

同研究は、被験者を寝不足の状態にするのではなく、仮眠を取らせ、その覚醒直後の眠気の残る状態で行われています。そこでは、課題に対する正解率や反応時間のようなエラー発生については有意な差は認められない一方で、エラーへの主観的評価や注意配分量の低下が顕著であり、自分のパフォーマンスを過大評価しがちになる危険性が指摘されました。ことに深夜に仮眠を取らせ、起こして実施した実験では、仮眠により正解率等は回復したにもかかわらず、自分のエラーに気付く能力は低下したままであることもわかりました。自分のミスに気付かない状態というのは大変危険であり、眠気が及ぼす影響、危険性は大変大きいことを認識する必要があるようです。

ところで、同研究では、一般ドライバー約四〇〇〇人を対象として、事故や居眠り運転と睡眠時間の関係を調べるアンケート調査も実施しています。

それによると、運転中に眠気を感じたことのあるドライバーは六七・六％、過去一年以内に居眠り運転をしたことのあるドライバーは十一・四％にのぼりました。次に、居眠り運転事故に関連する要因を、睡眠時間、大いびきもしくは無呼吸を指摘されたことがあるかどうか、との関連を分析・検討したところ、睡眠時間が六時間未満の者では八・〇二倍のオッズ比（ある事柄が起こった回数を、起こらなかった回数で除して求めた比）を、六～七時間の者では六・二八倍のオッズ比を示しました。一方、いびき無呼吸ありと答えた者は二倍のオッズ比であり、睡眠時無呼吸症候群よりも短い睡眠時間のほうが危険であることがわかります。

こうした結果から、同研究では、「交通事故を防止するためには、夜の睡眠をきちんと確保することが何より重要である」と結論付けています。

睡眠不足が企業経営に与える影響は？

ところで、睡眠に関する問題が企業経営に与える影響はどの程度なのでしょうか。米国

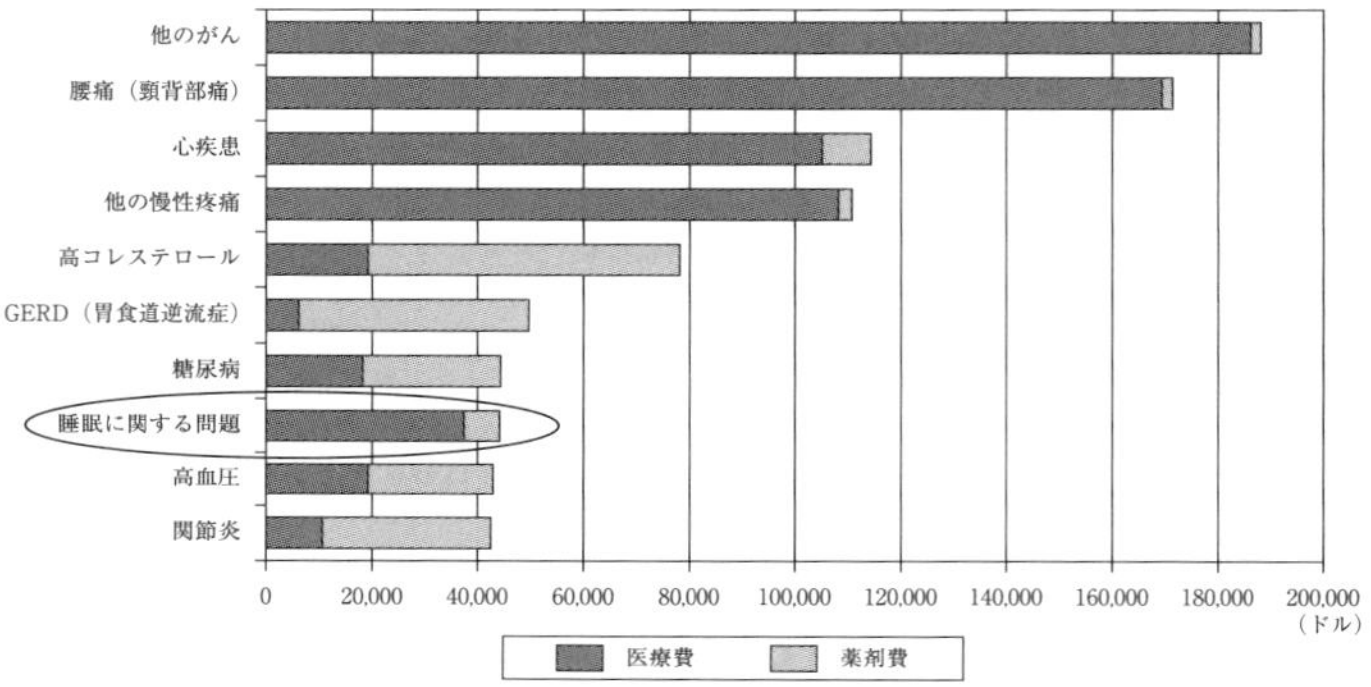

図5—3　常勤従業員千人当たり医療費・薬剤費合計金額の上位十疾患

のLoeppke et al.（二〇〇七）は、主要な慢性疾患ごとの医療費・薬剤費、アブセンティズム（体調不良による欠勤）・プレゼンティズム（生産性）の大きさを調査しました。

この調査は米国の四企業五万七六六六名の従業員を対象としたもので、プレゼンティズムについては、勤務日のうちで体調不良のために失われた生産的な労働時間数を申告してもらい、その時間数に平均給与を掛けて金額を割り出しています。

結果を見てみましょう。まず**図5—3**は、従業員千人あたりの医療費・薬剤費からみた上位十疾患です。ここでは、「睡眠に関する問題」は第八位にランクされています。

一方、この金額に、アブセンティズム、プレゼンティズムといった生産性コストを加えた結果が

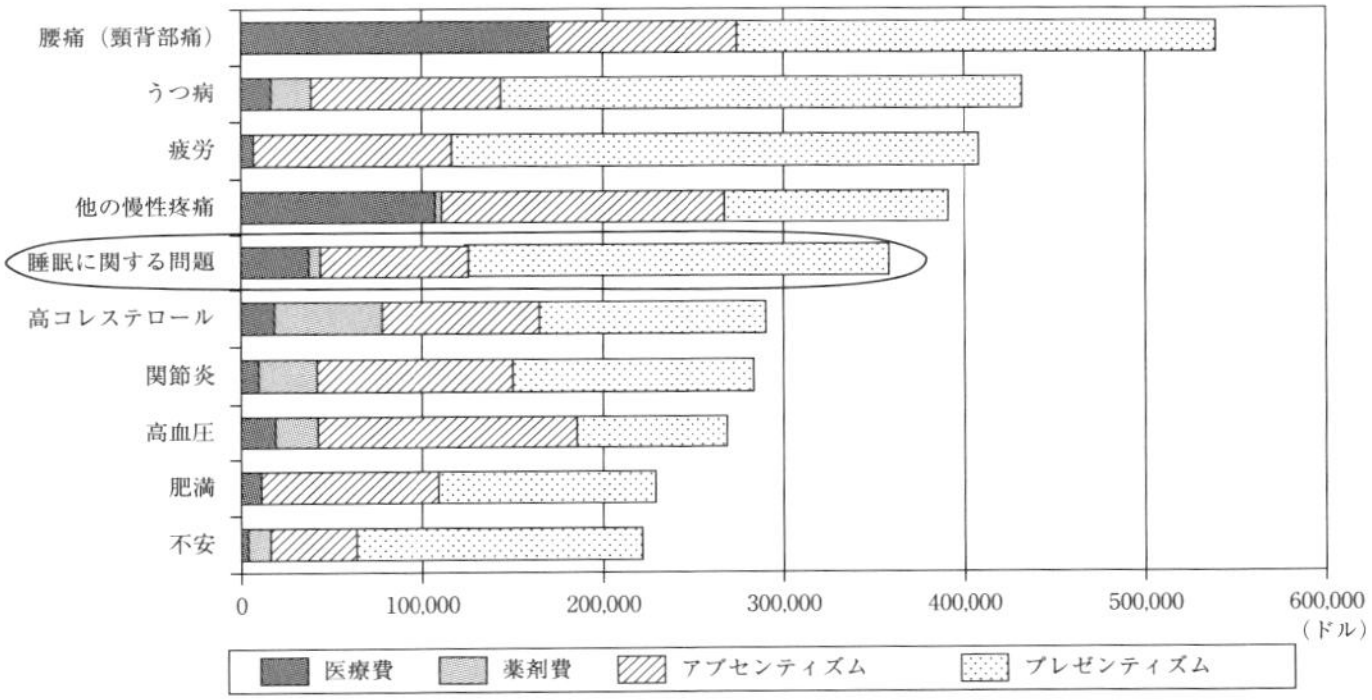

図5―4　常勤従業員千人当たり医療費・薬剤費・生産性コスト合計金額の上位十疾患

図5―4です。こちらでは、「睡眠に関する問題」は代表的な生活習慣病の「高コレステロール」「高血圧」をも上回り、第五位となっています。

また、プレゼンティズムだけの金額で見ると「睡眠に関する問題」は二〇万ドルを上回っており、「腰痛」「うつ病」「疲労」に次いで第四位という結果となっています。

睡眠に関する問題が企業経営に与える影響は小さくないことが、この調査結果からもわかります。

参考資料

1)　駒田陽子ほか　平成二四年度タカタ財団助成研究論文「ヒューマンエラー・交通事故を誘発する眠気の発生要因と対策に関する系統的研究」

2)　Loeppke, Ronald; Taitel, Michael; Richling, Dennis; Parry, Thomas; Kessler, Ronald C.;

Hymel, Pam; Konicki, Doris (2007) "Health and Productivity as a Business Strategy," J Occup Environ Med. 49 pp.712-721 2007

3) 矢倉尚典「企業における健康問題への取り組みの視点」『日本労働研究雑誌』No.612/7 二〇一一年、pp.51-61

第二編　よりよく眠るために

第六章　食事と眠りの深い関係

事例　高知大サッカー部が強いわけ

高知大学サッカー部は、全日本大学サッカートーナメントで準優勝したこともある強豪です。地方国立大学の活躍を支える要因の一つに、私の友人で、『伸びる子どもの睡眠学』（新興出版）の共著者でもある原田哲夫教授（高知大学教育学部）の取り組みがあります。原田先生の「早寝早起き朝ごはん」指導でサッカー部員は心身ともに健康になり、集中力がアップし、練習中や試合でのけがが減る効果があったのです。

二四時間営業の店が増えて、一人暮らしが多い大学生はどうしても生活が夜型になりがちです。運動部員も例外ではありません。原田先生は八年前から、サッカー部員を対象に以下のような指導を行っています。

①　朝起きて太陽の光を浴びる

KOCHI UNIV

②　朝食に納豆などのタンパク質をしっかりとる
③　夜間のゲームやテレビ視聴を避ける

朝の太陽光は体内時計を正しく調整する働きがあり、朝食のタンパク質は「元気物質」であるセロトニンの原料になります。筋肉や血管の修復、記憶の整理は寝ている間に行われるため、体内時計を整えて、睡眠の質を高めることで、技術や判断力が高まり、けがもしにくくなることが期待されました。

さらに、サッカー部員に睡眠記録をつけてもらい、自己評価したプレーの質との関連を調べたところ、早寝早起き朝ごはんを実践した部員ほど、「状況判断」「ボディバランス」「動機づけ」などが改善したと答える傾向があったとのことでした。

眠りとメラトニン

人が眠くなるには「疲れたから」「夜になったから」、そして「体温が下がるから」の三つのメカニズムがあります。二つ目の「夜になったから」は体内時計が関係し、あるホルモンが深く関わっています。そのホルモンの名前を「メラトニン」といいます。このメラトニンは夜に分泌されるホルモンで、その働きによって人は眠気を感じます。

メラトニンにはさまざまな働きがありますが、その一つとして人の場合では体温を下げて、呼吸や脈拍、血圧を低くします。体温が下がると人は眠くなります。

メラトニンは夜に分泌されると紹介しました。しかし「必ず夜に分泌される」わけでもありません。状況によってはほとんど出なくなることもあります。それはどんな状況でしょうか。答えを先に言うと「光を浴びる」と出なくなるのです。現代社会では、夜に光を浴びるという状況は日常的です。しかし実は、その光がメラトニンの分泌を抑えているのです。

メラトニンは脳の中の「松果体」という場所でつくられます。松果体に「メラトニンをつくる時間」を知らせるのが「視交叉上核《しこうさじょうかく》」といわれる体内時計の中枢です。ここが光の刺激を受けると、その約十五時間後にメラトニンがつくられ始めます。

人々は太陽が沈んだあとも仕事を頑張っていたり、夕食後にテレビを見ながらくつろいだりしています。つまり、光を浴び続けているわけです。

とはいえ、夜に光がない生活は考えられません。この相反する問題をどう解決すればいいのでしょうか。その答えの一つとして「光の質を変えること」が挙げられます。オフィスで用いられる電灯の多くは蛍光灯ですが、この蛍光灯を白熱灯に変えるのです。蛍光灯に比べて白熱灯はメラトニン分泌を抑制する青色波長が少なく、それだけメラトニンの抑制に影響を与えにくくなっています。オフィスの電灯を変えるは難しいでしょうから、せめて自宅の電灯は白熱灯にするようにするとよいでしょう。たったこれだけのことでも、睡眠の質はかなり改善されます。ＬＥＤも、電球色のほうが白色より影響が少なくなります。

メラトニンの原料は〝トリプトファン〟

メラトニンの分泌量を増やすためには、メラトニンをつくる原料を体内にとり入れておく必要があります。では、メラトニンをつくるものは何なのか。重要になってくるのが「トリプトファン」というキーワードです。トリプトファンは必須アミノ酸の一種で、人間は体内でつくることができません。つまり、食事で摂取しなければなりません。このトリプトファンがメラトニンの原料となるのです。

「なるほど。メラトニンは夜になると分泌されるわけだから、夕食でその原料になるトリプトファンをたっぷりとればいいんだな」と思った方は間違いです。なぜかといえば、トリプトファンはすぐにメラトニンになるわけではなく、いったん「セロトニン」に変化するからです。

セロトニンはうつ病の薬にも用いられ、精神を安定させる働きを持ちます。日常の活動をスムーズに行うためには欠かせないホルモンの一つです。このセロトニンは、目から入った光の刺激が中脳から脳幹にかけて分布する縫線核《ほうせんかく》という細胞に伝わることによって分泌されます。よってセロトニンの分泌には、光が必要なのです。

よい眠りのために必要なこと

ここでいままでの内容を整理してみます。よい眠りのためには、メラトニンが必要です。メラトニンが分泌されるのは「夜」。そのメラトニンは脳の松果体でセロトニンから合成されてつくられます。セロトニンがつくられるのが日中です。そして、セロトニンはトリプトファンを原料とします。ということは、「メラトニンを分泌させるためには、朝食でトリプトファンをとらなければ睡眠の質を上げることはできない」ということになります。

原田先生は別の睡眠改善の試みも行いました。やはりサッカー部員が対象で、三グループのうちAグループは未介入。Bグループは朝食に納豆とバナナをとって太陽の光を浴びるようにしました。ちなみに納豆とバナナはトリプトファンを豊富に含みます。最後のC

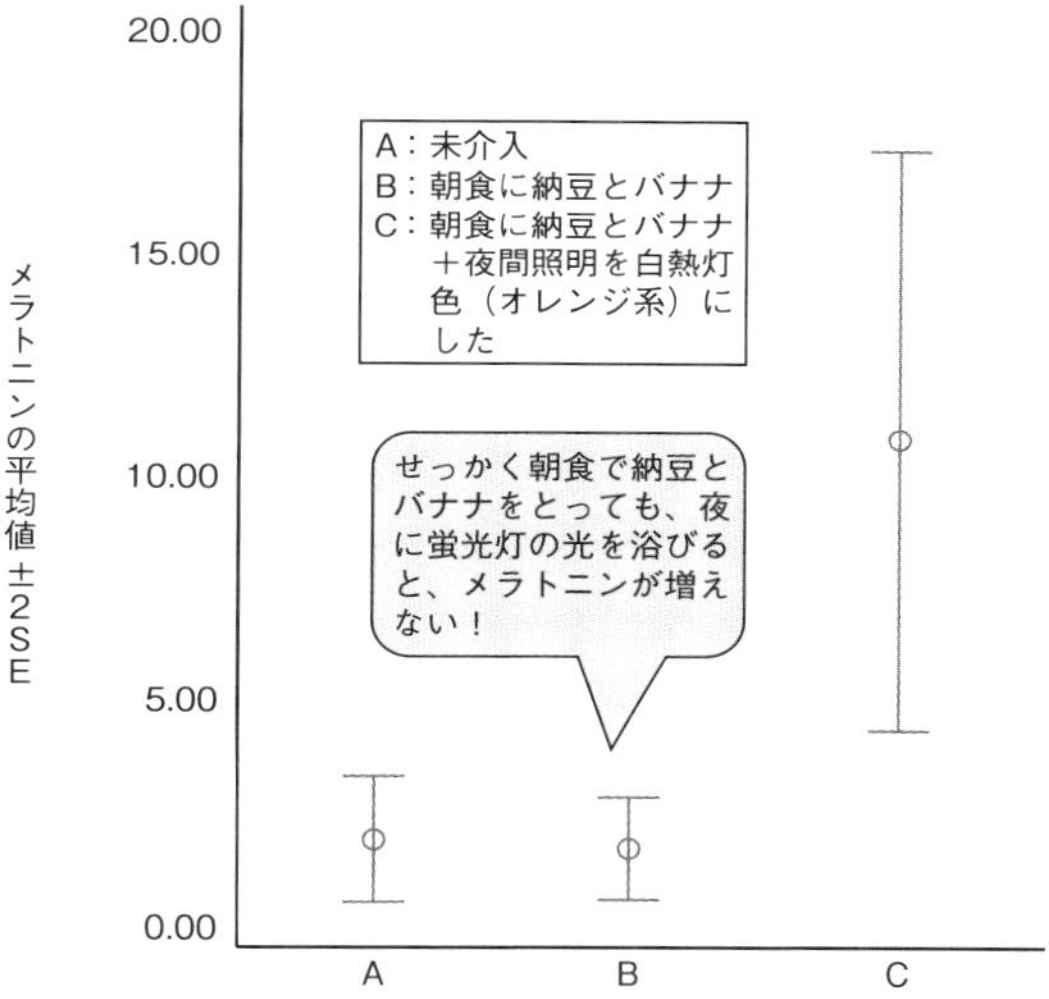

出典：高知大学原田哲夫先生提供資料より改変

図６－１　夜間のメラトニン濃度比較

グループでは、Ｂグループに課した条件に「夜は白熱灯のもとで過ごす」という条件を付け加えました。蛍光灯ではなく白熱灯。つまりメラトニンの分泌を抑制する蛍光灯の光を浴びないようにするという条件を付け加えたわけです。

その結果、ＡグループとＢグループのメラトニンの分泌量はほとんど同じでしたが、ＣグループではＡとＢのほぼ四倍ものメラトニンが分泌されていました（図６―１）。それだけぐっすりと眠れるようになったということです。ここで着目したいのは、Ｂグループの結果です。

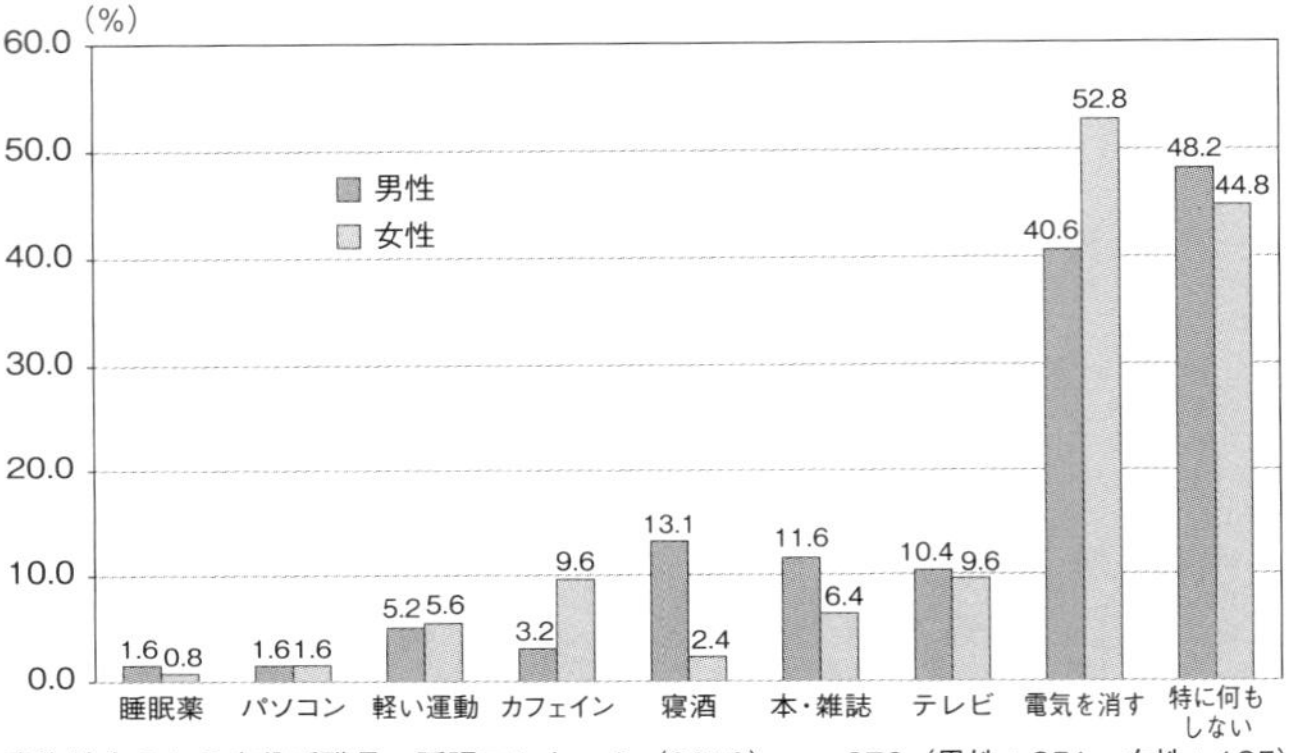

東海地方のある市役所職員　睡眠アンケート（2010）　n＝376（男性：251　女性：125）

図６－２　眠れないときの対処法（複数回答）

せっかく朝にトリプトファンを多く含む食事をとって太陽の光を浴びていても、夜にメラトニンの分泌を抑制する蛍光灯の光を浴びてしまうと、元の木阿弥になってしまうということです。

現代社会の夜は少し明るすぎます。良質な睡眠を得るためには、朝食をしっかりとって、明るすぎる夜の照明を少し暗くすることが大切です。

寝酒と睡眠の関係

東海地方のある市役所職員三七六人を対象に、眠れないときの対処法についてアンケートをとったことがあります。その結果を見ると、「電気を消す」「特に何もしない」を除いて、男女共通して「テレビを見る」という回答が多かったのです。

また、男女別の傾向を見てみると、男性では「寝酒」、女性では「紅茶等のカフェインでリラックスする」と答えた人が多数でした（図6―2）。

わが国では、眠れないときには睡眠薬を飲むより、寝酒を口にして眠る方がからだには安全だという誤った認識が多いことが調査で明らかにされています。一方、隣国の中国では、眠れないときには寝酒より睡眠薬を服用する率が高いのです。

寝酒をしていた男性の例

ある六〇代の男性は、飲まないと寝つきが悪いということから、毎晩寝酒をしていました。しかしいびきがひどいとのことで、私の睡眠外来を訪ねて来られました。そこで私は、「寝酒は睡眠内容を悪くするので、控えてください」と話しました。

一カ月後、この男性が病院に来られた際の感想は次のようでした。「最初のうちは、酒を飲まないとなかなか眠れませんでした。どうやって眠ろうかと考えることがストレスでしたが、それでも頑張って飲まないでいると、翌朝起きたときには頭がすっきりしていました。寝つきが少々悪くても、酒を飲まない方が、翌朝の目覚めがよいのです！　それ以来、寝酒はしていません。寝酒は眠りに悪いということを、もっと早く知っていればよかったとつくづく思いました」、と笑ってお話しされていました。[3)]

アルコールは入眠を早めるが…

確かに、適量のアルコールは入眠を早め、深い睡眠を増加させます。アルコールの作用機序は、興奮性神経伝達物質であるグルタミン酸のNMDA受容体を抑制すると同時に、抑制性神経伝達物質であるガンマアミノ酪酸（GABA）受容体を刺激することにより、鎮静・催眠作用がもたらされます。しかし、睡眠後半には、アルコールの血中濃度が低下し、離脱症状が現れます。睡眠が浅くなり中途覚醒が増えるとともに、レム睡眠が増加します。そのために夢や悪夢が増え、交感神経系活動が高まり、頻脈や発汗が生じます。このようにアルコールは、睡眠の前半には入眠を促進しますが、睡眠後半では睡眠内容を悪化させるのです。

また、アルコールには利尿作用があるので、トイレに行くことで睡眠が分断され睡眠障害を招きます。アルコールを飲んですっきりと目が覚めたようでも、その日は睡眠不足の影響で疲れてしまい活動性が低下してしまいます。

日本人二万四六八六人を対象として行われた調査によると、男性の四八・三％、女性の十八・三％が一週間に一回以上、寝酒を行っていました。このような寝酒は、男女ともに睡眠維持困難と関連していることが明らかにされています。快眠を得ようとして飲んだ寝酒が、現実には睡眠を妨害しているのです。睡眠薬代わりに寝酒をたしなんでいる人は多いのですが、アルコールは睡眠薬代わりにはならないことを理解しておくことが大切です。

また、飲酒を続けているとアルコールに対する耐性が上昇し、催眠作用が低下します。飲酒しても十分な睡眠が確保できなくなり、不眠になります。その結果、不眠を解消するためにさらに酒量を増やすことが必要となり、アルコールに対して依存性が促進されることになってしまいます。

アルコール依存症患者では、深い睡眠はほとんど出現せず、中途覚醒や体動が頻繁に起こり、睡眠が細かく分断されます。しかし、飲酒を突然中断すると、強い不眠のほか、振戦（ふるえ）、発汗、幻覚、けいれん発作、見当識障害など種々の離断症状が発生します。

睡眠教育の効果

アルコールは睡眠の質を悪くするので、睡眠薬代わりにはなりません。寝つきがどうしても悪いときには、お酒ではなく、睡眠薬をお勧めします。昔の睡眠薬には確かに副作用

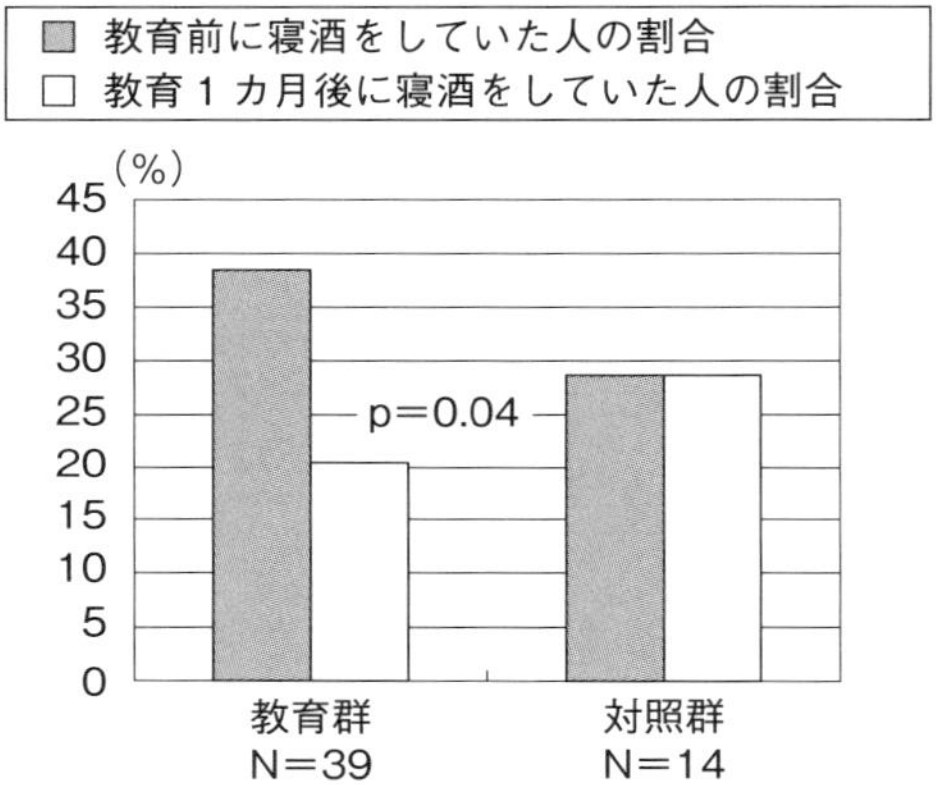

図6－3　睡眠教育を行うことで寝酒が減少

がありましたが、今の睡眠薬はその点が改善されてきています。通常量であれば、依存症になることもほとんどありません。ただアルコールと睡眠薬を一緒に飲むと、その前後の記憶がなくなることがあるので、決してアルコールと一緒に飲まないようにしてください。

筆者は、「正しい睡眠知識を広げる人材として「睡眠健康指導士」の育成を、この十年間、日本睡眠教育機構（https://jses.me/）で行ってきました。その初級講座で、次のような研究をしてみました。この研究では、教育群として高校教師三九人、対照群として十四人の高校教師を対象として行いました。

教育群の三九人には六時間の睡眠講義を行い、その中でアルコールの睡眠に及ぼす影響について説明しました。一方、対照群の十四人には、この講義を行いませんでした。一カ月後に睡眠に関する調査をしたところ、教育群では睡眠の質が改善し、寝酒の頻度が図６―３のように著明に減少していました。[5] その要因を詳しく検討すると、毎日寝酒をしていた人は寝酒の頻度は減少しなかったのですが、眠れないときに時折飲んでいた人が、寝酒をやめていたことが明らかになりました。

寝酒が習慣になっていた人は睡眠に悪いと分かっていてもやめることはできませんでしたが、機会飲酒（時々何かの機会に飲む）だった人は教育によって睡眠への悪影響を理解して、寝酒を飲まなくなり睡眠の質が改善したと判断されます。

たばこと睡眠

では、寝たばこはどうでしょうか。ニコチンは、中枢神経系に広範囲に分布するニコチン性アセチルコリン受容体に作用します。この受容体にニコチンが結合すると、大脳皮質全体に覚醒がもたらされます。また、ニコチンはドーパミン作動性ニューロンにも結合し、これによって快感情が生じるので、気分や認知機能が向上するとともに、依存性が形成されることになります。さらに、ニコチンを摂取すると血管収縮により血圧が上昇し、心拍数も増加してすっきりした感じになります。

眠れないときにたばこを吸うと快感情が生じ、気分が落ち着きます。しかし、同時に覚醒度が高まり、さらに眠れなくなってしまいます。ニコチンの半減期を考慮すると、就床二時間前は喫煙は控えた方がよいでしょう。

このように、寝酒や寝たばこは睡眠に悪いことを、よい眠りが取れていない人たちに話をして理解をしてもらうことが大切です。

参考資料

1) 宮崎総一郎著『ぐっすり眠りたければ朝の食事を変えなさい』PHP 二〇一五年
2) Harada T et al. Sleep and Biological Rhythms14 : S65-S74, 2016
3) 宮崎総一郎、北浜邦夫、堀忠雄編：『睡眠のトリビア2』中外医学社、二〇一六年
4) Kaneita Y et al: Use of alcohol andhypnotic medication as aids to sleepamong the Japanese general population.Sleep Medicine, 8, 723-732, 2007
5) Morita E, Miyazaki S, et al.: Nagoya J. MedSci. 74, 2012

第七章　カフェインを控える

眠気覚ましのコーヒーは、現代人の生活に欠かせないものとなっています。コーヒーに含まれるカフェインが、「眠気やだるさ」解消に有効なことは、カフェインが栄養ドリンクや風邪薬に多く含まれていることからもわかります。

事例　コーヒーをやめて睡眠の質が向上したＫさん

大阪近郊で働いているＫさん（二五歳、男性）から、「コーヒーと睡眠」に関する経験談をメールでいただきました。Ｋさんは、拙著『脳に効く「睡眠学」』を読み、睡眠による健康改善を自身で経験してみようと考え、検証を行う（コーヒー摂取をやめる）に至ったのです。

〈Kさんからのメール内容〉

概略：コーヒーの多量摂取をやめたことによって、睡眠の質が向上した。最も大きな変化は朝の起床時である。睡眠時間は変わらないが、朝の目覚めがスムーズになり、目覚まし時計に頼らずとも、起床したい時刻の少し手前で自然と目が覚めることが多くなった。感覚的ではあるが、起床時の気だるさが無くなり、起床後の気分もよくなったと感じている。

経過：学生時代からほとんど次のような生活を継続してきた。寝つけない、疲れが取れないなどの悩みはなかった。

五時半：起床（目覚まし時計のスヌーズ機能で三、四回アラームが鳴ってから起床）

六時：朝食　※コーヒー摂取

七時半～二〇時：業務　※常時コーヒー摂取

二一時頃：夕食　※食後にコーヒー摂取

二三時：就寝

コーヒーは起床時や勤務中の眠気の解消のために飲んでいた。ただし、眠気解消は朝や昼過ぎ（十四～十五時）のみで、その他の時間は目的なくただ飲料として飲むことが多かった。

変更点としては、コーヒーの摂取をやめ、朝は牛乳やココア、日中や夜は水や麦茶に飲料を変えた。それ以外の生活習慣や睡眠時間は変更しなかった。

コーヒーをやめて一～三日目：生活のサイクルの中にコーヒーの摂取が習慣付いてしまっているため、意識してコーヒーを我慢することが多かった。まだ飲みたいと感じていた。体調に大きな変化はなかった。

四日目以降：コーヒーを飲みたいと感じなくなった。これまでは就寝時刻の十分前頃に「そろそろ寝なくては」と思って布団に入り、ある意味強制的に「寝よう」としていた。それが、就寝前の三〇分前頃から自然と眠気がきて、「もう寝たい」と感じて布団に入るようになった。睡魔を感じて眠りにつくようになり、睡眠が深いと感じるようになった。朝の目覚めや昼の仕事能率の変化は自覚しなかった。

六日目以降：起床後の気分がよくなり、「熟睡できた」と感じるようになった。コーヒーもむしろいらないと感じるようになった。目覚ましのアラームが無くても起床前の二〇～三〇分前に、自然に目が覚めるようになった。部屋は真っ暗なのにもかかわらず、頭でぼんやり朝だと感じ始め、しばらくして目を開け、時計を見るとアラームの設定時刻の十分前くらいであるということが増えた。
感想：生活習慣は変えず、ただコーヒーをやめただけだが、睡眠が顕著に改善したことにとても驚いた。自然に目が覚めてしまう現象はいまだに不思議で仕方ない。しかしながら、「もう寝ないと」「もう起きないと」と感じるストレスがなくなったことは非常によい変化で嬉しく思っている。

コーヒーと睡眠の関係

コーヒーは、エチオピアのヤギ飼いが偶然発見したといわれています。ヤギがコーヒーの実を食べると踊り出すことから、その覚醒作用に注目されたのです。コーヒーの覚醒作用は珍重され、アラビアに最初のコーヒーショップができてから数年でヨーロッパ全域に広がったというほどでした。

疲れてくると脳内にたまる睡眠物質（アデノシン）が睡眠中枢に作用して、眠気が引き起こされます。コーヒーに含まれるカフェインは、この睡眠中枢のレセプター（アデノシンA_{2A}受容体）に作用して覚醒効果を発揮することが明らかにされています。またカフェインを摂取すると、脳の代謝を高めて脳活動を刺激するので、頭がすっきりしたように感じ

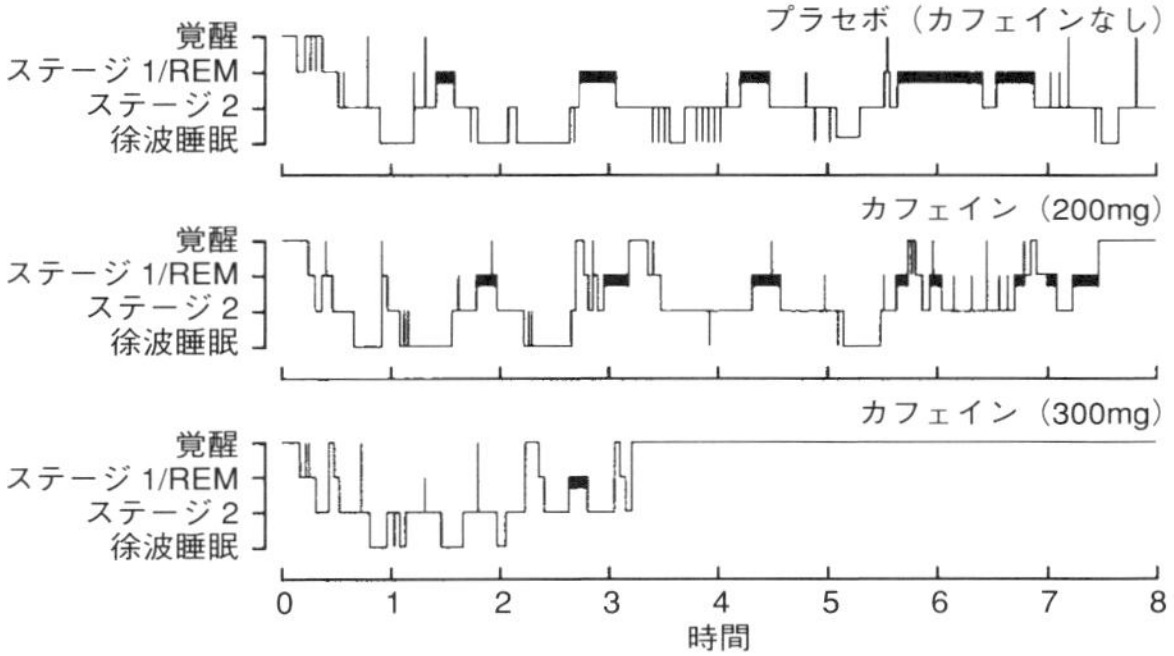

・出典：粥川裕平ほか：Mebio, 17（9）：23-29, 2000.
［参考］喫茶店のコーヒーのカフェイン含有量約 100 〜 150mg/1 杯

図７－１　入眠前のカフェイン摂取で、深い眠り（徐波睡眠）が著しく減少

ます。依存性があり、カフェインを多くとるほど覚醒効果は強くなります。

カフェインはさまざまな飲み物に含まれています。その量は本格的なコーヒー（インスタントでないもの）一杯で一三〇〜一五〇mg、インスタントコーヒー一杯で六五mg、紅茶一杯で四〇〜六〇mg程度です。ほかには、コーラ一缶（五〇〇ml）に三〇〜五〇mg、健康ドリンク一本にも五〇mg程度入っています。

ココアやチョコレートにも、カフェインと同様の効果を持つ物質が含まれています。カフェインは入眠を遅らせ、睡眠時間を減らし、中途覚醒を増やす作用があります。

コーヒーなどカフェインが入ったものを眠る前に飲むと、**図７－１**のように睡眠中に浅い眠りが増え、深い睡眠が減って、睡眠障害につながってしまいます。カフェインの効果は四時間以上持続するので、夕方以降は控えるほうがよいのです。特に高齢者では、その代謝にさらに時間がかかるので要注意です。

眠気覚ましには何がよい?

では、眠いときにはどうすればよいでしょうか。ビジネス関連のサイトでは、「ガムをかむ」「顔を洗う」「冷温湿布を貼る」などの対処法が紹介されています。しかし根本的な答えは、「眠いときには寝るに限る」ということになります。

「眠い」というのは、脳が疲れて休息を求めているサインです。それを無視して小手先のテクニックで目を覚まそうとしても、肝心の能率はどんどん落ちていきます。カフェインや外的刺激は無理やり目を覚まさせているだけなのです。十五分の仮眠をとると、その後二~三時間の作業効率は、ただ休憩するより高くなることが実験で確かめられています。

さいたま市のある企業では、仕事中に眠気を感じたときに十五~二〇分間の仮眠を推奨する「パワーナップ」制度を設けています。

「午後三時、オフィスの一角で男性社員が机に伏して寝始めた。周囲の社員は気にせず

仕事を続けている。受注担当のＩさん（二九）は、「眠くて限界というときに十五分仮眠します。効果は絶大で、驚くほど仕事効率が上がります」と言った。二〇一二年からこの「パワーナップ」を導入し、内勤社員の三分の一が日常的に利用するとのこと。同社担当者は「パワーナップは働きやすい環境づくりのために導入。業績向上が目的ではありません。社員には仕事効率が上がると好評です」という記事が、二〇一四年九月の毎日新聞に掲載されていました。

参考資料

1）　粥川裕平、今井真、早河敏治ほか：『生活習慣病における睡眠呼吸循環障害の重要性の再認識、Lifestyleと睡眠障害・睡眠呼吸循環障害、ストレ

ス・運動・嗜好品・薬剤と睡眠』、Mebio, 17(9): 23-29, 二〇〇〇年

第八章　睡眠環境

睡眠と体温の関係

赤ちゃんが眠くなると手足がポカポカと温かくなることを、お母さんたちは経験的に知っています。スイスの睡眠研究グループは、子どもだけでなく大人でも、眠る時刻の一、二時間前から手や足の皮膚温度が上昇し、この上昇の大きさと眠気の強さが比例することを報告しています。

脳の温度（深部体温）を積極的に下げてしっかり休ませるシステムが、「睡眠」です。その準備として、眠る前に皮膚から熱を逃がす仕組みが働き、このときに皮膚温が上がってポカポカと温かく感じるということが起こるのです。ちなみに、深部体温が約〇・四度下がると、脳は睡眠に入ります。

これらの説明で、冷え性の人が寝つきの悪い理由がお分かりになるでしょう。冷え性の人は、手足が冷たく血管が拡張しないので、深部体温を下げるための熱放散がうまくいかないのです。その対処法として、寒いときには電気毛布が活用できます。寝る前に十分布団を温めておくと、手足の血管が拡張しやすくなります。すると、熱放散がうまくいくようになるので寝つきがよくなるのです。

しかし、電気毛布のスイッチを入れたままにしておくと、途中で何回も目が覚めてしまいます。この理由は、寝付いた後でも体温は低下していくので、これにより（個人差はありますが）朝の四時ごろまでは深く眠ることができます。しかし布団が温かすぎると、深部体温が低下できないために、眠りが浅くなって何度も目覚めてしまうことになってしまいます。だから、ゆっくりと温度が下がる湯たんぽが、冬の眠りをよくするにはお勧めです。

夏に眠れない理由

さて、なぜ夏は眠りにくいのでしょうか。コンピューターを連続で酷使すると本体が熱くなって動きが悪くなるように、ヒトの脳も体温が上がると機能が低下します。そこで、体温を下げるために、四肢末梢の表面血管を広げて体深部の熱を肌から放散しようとして、汗を出すことになります。この汗が蒸発するときに気化熱が奪われて体が冷え、結果的に深部体温が下がって眠くなるのです。

しかし、夏は夜になっても外気温が高く、湿度も高いので発汗による体温低下もできず、それゆえ熱放散がうまくいかないため、寝つきや睡眠の質が悪くなるのです。秋になると、外気温が下がり湿度も低くなるので、体の熱の放散がうまくなされてよく眠れるようになります。このように、私たちの睡眠は自然環境によって大きく影響を受けています。

湿度と睡眠

睡眠と体温の関係からすると、睡眠中に体温を下げるようにすることが快眠のコツです。ムシムシして暑い夜は、湿度が高いため汗がなかなか蒸発しません。寝苦しく寝つきが悪くなるだけでなく、睡眠が深くなっても汗が蒸発しないので体温が低下せず、途中で目が覚めやすくなります。

そこで、室内を十分に除湿しておけば、汗が蒸発しやすくなるので睡眠前半に体温が低下しやすく、快眠につながります。寝室の湿度は五〇～六〇％になるようにするとよいでしょう。また、除湿が十分にできていると、エアコンのクーラー機能の効きもよくなりま

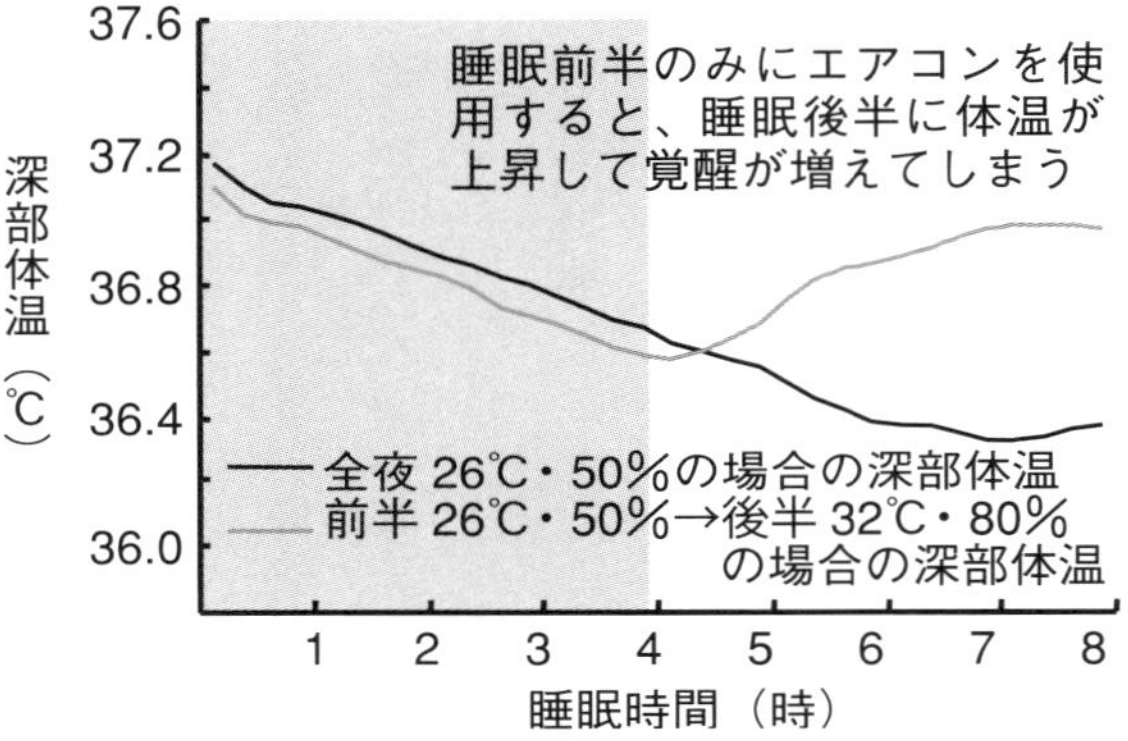

出典：Okamoto-Mizuno et al. 2005

図8—1　睡眠中のエアコン使用の違いによる深部体温の変化

す。そこで、クーラーが嫌いな人は、除湿機やエアコンの除湿機能がお勧めです。

エアコンの使用法

寝室でクーラーを使うときは、少なくとも寝る前の二〜三時間前から使うようにすることがポイントです。クーラーを使うと寝室の空気はすぐ冷えますが、寝室内の壁や家具が冷えるには少なくとも二〜三時間はかかるからです。壁や家具を十分に冷やしておかないと、クーラーが止まったとたん、壁や家具にこもった輻射（放射）熱によって寝室内の空気が再び暖められ、寝室内の室温がすぐに上がってしまい寝苦しくなります。**図8—1**は、寝ている途中でエアコンを切った場合と切らなかった場合の体温変化を示します。睡眠前半のみの使用では、睡眠後半に体温が上がって、中途覚醒の遠因となってしまいます。帰宅したら、クローゼットなど熱のたまりやすい家具の扉を開けて熱を逃がしておくことも重要なポイントです。暑かったのでタイマーをつけて寝たが、タイマーが切れて暑くなり目が覚めてあわててまたクーラーのスイッチを入れたという経験のある人も多いと思います。これは、寝室内の壁や家具が十分に冷やされていなかったためです。

夏の寝室は、室温が二六℃くらいになるように調整するとよいでしょう。それよりも室温が高くなると、寝つきが悪くなり、途中で目が覚めやすくなってしまいます。

扇風機の上手な利用

睡眠中のクーラーの使用を嫌う人も少なくありません。そのような場合には、扇風機を使用することも、体温低下を促して寝つきを改善する有効な方法です。扇風機で気流を作ると体温が低下しやすく、寝つきがよくなり、中途覚醒が少なくなります。

扇風機を使用する場合の注意点としては、風が持続的に当たり続けると体温が低下しすぎて起床時のだるさの原因となることがあります。そこで、扇風機の風は壁に当てるなどして直接身体に当たらないように工夫すると、冷え過ぎを防ぐことができます。

夏のカーテン使用法

夏には「昼間は閉めて、夜は開ける」ことが、空気環境と省エネ、気持ちのよい睡眠と翌朝の自然な覚醒のために有効です。夏季に飛行機から降りる際、「省エネのために窓のブラインドを下ろすことにご協力ください」とフライトアテンダントからのアナウンスがあります。これは、駐機中に機内が熱くなりすぎないようにするための工夫です。部屋を高温にしないためには、昼間はカーテンを閉めておき、夕方になったら窓とカーテンを開けて換気すると、冷房機器への負担が少なくなります。

また、眠る前にはカーテンを十cm程度開けておくと、朝の光刺激が脳に自然に伝わり、起床時の気分がよくなります。ただ、睡眠不足で少しでも長く寝たい場合には、朝の光が目覚ましとなって逆効果になるので、交代制勤務の人では遮蔽が必要です。

「竿燈」や「ねぶた」は眠気退治のお祭り

秋田の「竿燈まつり」と青森の「ねぶた祭」は、睡眠に関連した祭りです。秋田市の「竿燈」（写真8—1）は明和初期まで「ねぶり流し」と呼ばれていました。秋田では眠いことを「ねふて」「ねぶて」といい、青森では「ネンプテ」が訛まって「ネブタ」、弘前では「ネ

写真８―１　秋田竿燈まつりの一コマ

プタ」になったという説があります。

これらの祭りは、夏の農繁期に襲ってくる眠気を払い豊作を祈願するために、ネムノキの枝を水に流すという風習「ネムリナガシ」に由来しています。ねぶた祭の最終日に「ねぶた」の海上運行がありますが、これは眠気を流すという意味なのです。竿燈まつりも、竿の先につけた御幣《ごへい》*を最終日に海に流すことが習わしです。

睡眠環境を上手に調節する

高温多湿の夏は、睡眠環境を上手に調節で

＊御幣　白色、金色、銀色などの紙もしくは布を切って、細長い木にはさんでたらしたもの。神祭用具の一つ。

きないとぐっすり眠れません。睡眠と体温の関係を理解して、睡眠環境を適切にコントロールすることが、快眠につながります。

参考資料

1）林光緒、宮崎総一郎、松浦倫子著『睡眠習慣セルフチェックノート』全日本病院出版会
二〇一五年

第九章　職域での睡眠問題解決のために

いま私たちは世界中が緊密に連携し二四時間にわたって生産・消費・交通システムが動いている現代社会に暮らしています。科学技術の発展で、かつてない恩恵を受けている半面、人々の生活スタイルは夜型化し睡眠時間は確実に減少しています。その結果、睡眠を大切にしないことでさまざまなゆがみが生じ、大きなストレスを被っているのが現状です。

事例　消防署員は短命傾向？

筆者と共同研究をしている森国功氏（サーカディアン・テクノロジーズ・ジャパン）は、数年前から秋田県Ｉ町の消防署に協力いただき、「睡眠と労働」をテーマにした研究に取り組んできました。その消防署では、消火出動は年間五〜七件程度、救急出動も日に二回程度と、大都市のそれらに比べると格段に少なく、比較的余裕のある労働環境でした。

しかし、消防組合管理責任者である町長の話では、役場の職員は比較的長生きしているのに対し、消防署員はかなりの人が、脳血管疾患やそのほかの生活習慣病で、若くして亡くなっているのが目立つとのことでした。それを聞いて、私たちは消防や警察で行われている二四時間連続勤務が、体のリズムを乱し、生活習慣病やそのほかの余病を引き起こし、結果として短命になっているのではないかと推測しました。

I町の消防署でそのころ管理職になったMさんに聞いたところ、それまでの二四時間連続勤務から解放されたとたん、体重が五kg減り、血圧が下がり、飲酒量も減って体調がすこぶるよくなったとのことでした。たとえ出動件数は少なくても、勤務中は電話の音ひとつで、仮眠中でもビクッと反応して目覚めていました。浅くうつらうつらした睡眠状況では、十分な疲労回復ができないだけでなく、常に緊張している状況でした。そのため、交感神経が刺激され、高血圧になっていたと推測されます。また、非番のときにはリラックスするために必ず飲んでいた酒も、日勤で毎晩飲めるようになると、自然と飲まなくなったと話してくれました。

睡眠とうつ病、心臓病、がん

高度経済成長期には、生産性がないと思われる睡眠時間をできるだけ切り詰めて働けば、生産性が上がり、経済的に裕福になるとの考えから、昼も夜も二四時間にわたって睡眠を削って活動してきました。その結果として健康を害し、心のゆがみやうつ病を生じることになったのです。交代勤務の経験年数と病気との関係を調べた研究では、交代勤務を長く続けていると、その年数に比例して、うつ病や心臓病のリスクがどんどん増えることが分かっています（図9―1）。

また交代制勤務者では、日勤者に比べて、乳がん、前立腺がん、大腸がんが多いことが報告されています。人は、睡眠と密接に関連するメラトニンというホルモンの作用で昼夜を区別しています。このメラトニンには、体に有害な作用をもつ活性酸素を夜の間に消去して、脳や体を守り、修復する作用があります。メラトニンは、強い光に当たると分泌されなくなります。このことから、交代制勤務者にがんの発症が多い理由の一つに、夜間の光を受光することによりメラトニン分泌が抑制されることが関わっていると考えられているのです。

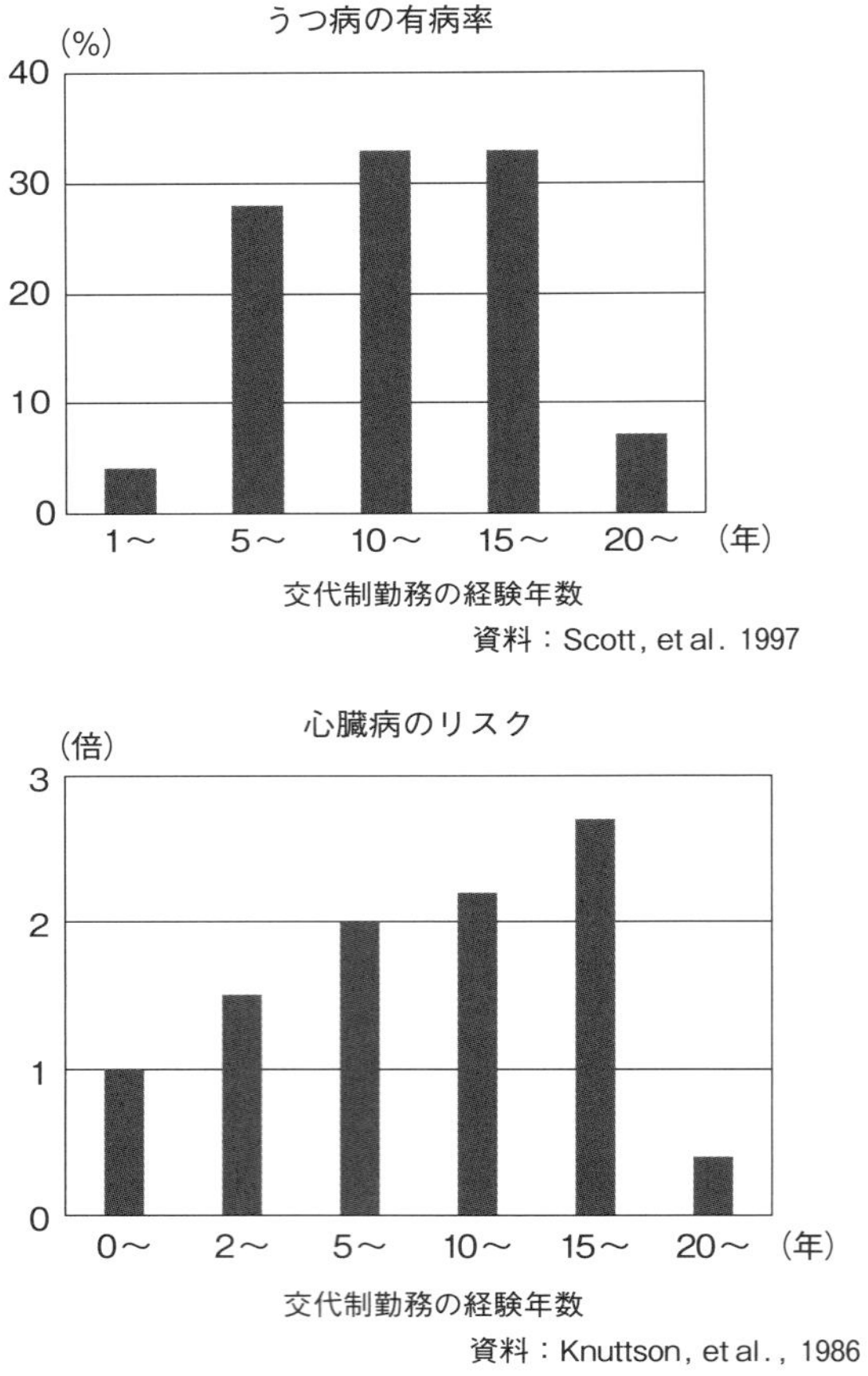

図9—1　勤務時間とうつ病、心臓病の罹患との関係

睡眠と生活習慣病

睡眠に関して何らかのトラブルを抱えている人の多くが、さまざまな生活習慣病にかかっていることが明らかになっています。これまで肥満は食べ過ぎや運動不足が原因だといわれてきましたが、その背景には睡眠も関与しています。健康な成人を対象に睡眠時間を四時間に制限すると、インスリンの分泌が減り、血糖値の上昇が見られただけでなく、脂肪細胞から分泌されるレプチン（食欲を制御し、代謝を促進するホルモン）の血中濃度が約十八％減少し、胃から分泌されるグレリン（空腹時に増加して食欲を高めるホルモン）は二八％増えていました。このように、睡眠不足だとホルモンのアンバランスが生じ、肥満になることが証明されています。

私たちの心身の健康を支え、脳を活性化させ、労働災害を低減するもっとも重要なテーマは「睡眠」です。睡眠の質を高くすることができれば、病気になる危険性は大きく低減され、身体と脳の老化を着実に阻止でき安全な労働環境が形成できると考えられます。

労働者への睡眠講話の体験談から…

私は産業保健の関係者、工場の労働者や一般の方々を対象に、全国各地で睡眠の話をしています。睡眠についての知識を得ることで、睡眠の質が改善し心身に大きな改善が得られたとの話が多く寄せられます。その一部を紹介すると、

「コーヒーを飲む習慣をやめたことで、よく眠れるようになり、血圧が十㎜hg以上も下がりました」

「早めに寝るようになって、夜の過食などの生活の乱れがなくなり、体重が減りました」

「睡眠時無呼吸症候群の治療を開始して、うつうつとした気分や日中の眠気が消えて、熟睡感が得られるようになりました」

「眠る前の深酒をやめたことで、睡眠中の無呼吸やいびき、中途覚醒が改善し、朝、気持ちよく目覚められるようになりました」

「睡眠時間を少し長く（三〇分程度）しただけで、朝寝坊や仕事中の強い眠気がなくなり、ミスもなくなり快調です」

など、さまざまな効果が得られています。

このように、睡眠に関する知識を学ぶだけで、確実に睡眠は改善されるのです。

日本睡眠教育機構（https://jses.me/）では、正しい睡眠知識を身に付け、よい眠りを広めるための「睡眠健康指導士養成講座」を開講しています。また、Ｗｅｂ上で睡眠健康大

学（http://sleep-col.com/）を開設しているので、ぜひ参照していただければと思います。

交代制勤務による時差ぼけ（ソーシャル・ジェットラグ）

夜勤では通常は寝ている夜の時間帯に仕事をし、仕事を終えた翌朝から昼にかけて睡眠をとらなければなりません。夜間起きていたことで睡眠への欲求は高まっていますが、朝の時間帯には体内時計の働きで体温が上昇し、体が活動に適した昼の状態になっていくため、疲れて眠りたいのによく眠れない状態になってしまいます。

例えば、夕方五時からの勤務は、体の時計から見ると、八時間時差のあるパリで仕事を始めるのと同じことになります。０時からの深夜勤務は、時差から見ると十六時間時差のあるロサンゼルス*で勤務していることになります。実際にパリやロサンゼルスに行くわけではありませんが、労働者の体内時計は日本の時間を刻んでいるのに、仕事の時間は、パリやロサンゼルスでの勤務と同じ状況なのです。体内時計からの信号で、夜０時ごろからは体温が下がり、眠くなってきます。このような状態では、体が思うように動かずに疲れてミスも多くなるのです。

＊日本とロサンゼルスの時差は、サマータイム時が十六時間、冬時間時は十七時間。

朝になって勤務が終わり、帰宅後は体内時計が朝を感知して体を目覚めさせるように働きかけます。疲れで眠いが、体は目覚めてくるために、頭と体が一致しなくて変調をきたします。これが、いわゆる「時差ぼけ」で、交代制勤務による場合を英語で「ソーシャル・ジェットラグ（社会要因による時差ぼけ）」と呼びます。この場合、夜勤を連続で続けた方が、毎週一回夜勤をするより疲労度を軽減できます。極論ですが、毎週二日ごとに日本、パリ、ロサンゼルスで仕事をすると体のリズムは補正できず、時差ぼけ状態に陥ります。

ある二四時間操業の工場では、四班三交代制勤務で、日勤、準夜勤務、深夜勤務を二日間ずつして二日休み、八週間で一回りする交代制勤務でした。これでは、週末と自分の休みの日を一致させることが少なくなっていました。そのため若い従業員たちからは、「土曜、日曜日に家族と過ごしたい」「町内の行事にも参加したい」との希望が強くありました。そこで、筆者の友人の森国功氏は、日勤を五日、一日休んで準夜勤務を五日、一日休んで深夜勤務を五日、その後三連続休日を提案しました（**図9―2**）。

体内時計は一日二時間程度の補正が可能なので、例えば準夜勤務（パリ時間）を五日間続けた方が身体のリズムが補正しやすくなるのです。また準夜勤務から深夜勤務（ロサンゼルス時間）になったときにも、五日間連続しているので、同様にリズム調整は可能です。

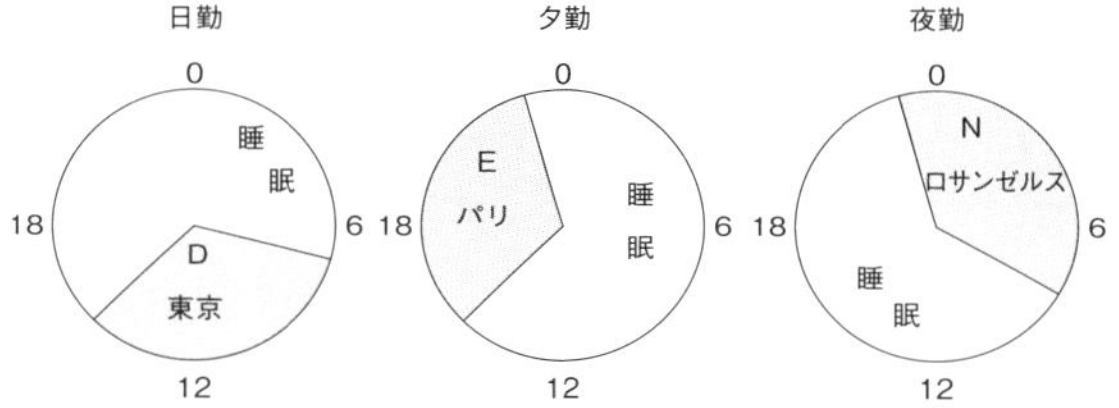

	1	2	3	4	5	6	7	8	9	10	11	12	13	14	15	16	17	18	19	20	21	22	23	24	25	26	27	28	29	30
シフト1	D	D	D	D	D	–	E	E	E	E	E	–	N	N	N	N	N	–	–	–	D	D	D	D	D	–	E	E	E	E
シフト2	N	N	–	–	–	D	D	D	D	D	–	E	E	E	E	E	–	N	N	N	N	N	–	–	–	D	D	D	D	D
シフト3	E	–	N	N	N	N	N	–	–	–	D	D	D	D	D	–	E	E	E	E	E	–	N	N	N	N	N	–	–	–
シフト4	–	E	E	E	E	E	–	N	N	N	N	N	–	–	–	D	D	D	D	D	–	E	E	E	E	E	–	N	N	N

図9―2　ソーシャル・ジェットラグについて

深夜勤務から日勤（日本時間）に戻る際は三連休があるので、なんとか体のリズム調整は可能となります。

労働時間は同じですが、勤務スケジュールを工夫することで、疲労度が四割も軽減するというシミュレーション結果でした。実際には、諸事情のために一割程度の疲労度軽減でしたが、若い労働者からはとても喜ばれたそうです。

現在、アメリカやカナダで人気の高い、十二時間勤務の二交代制勤務スケジュールを図9―3に示します。この場合、二週間ごとに日勤と夜勤を連続して行います。月の半分は日本時間で日勤、後半の半分はブラジル時間（時差十二時間）で働くことになりますが、三連休が隔週で取れるので、夜勤はつらくても何とか頑張れます。また、家族との週末の時間が取りやすくなります。

	月	火	水	木	金	土	日
1	D	D	－	－	D	D	D
2	－	－	D	D	－	－	－
3	N	N	－	－	N	N	N
4	－	－	N	N	－	－	－

D：日勤
N：夜勤
－：休み

特徴：隔週で週末（金、土、日）に休日
休日が規則的で個人生活も規則的になる
企業によって若干変形したパターンを採用している

図9－3　アメリカ、カナダで人気の高い2交代制勤務スケジュール

効果的な仮眠のとり方

深夜に眠気を少なくするためのもっとも効果的な仮眠のとり方を図9―4に示しています。二四時間勤務の場合は日中に仮眠をとることは困難ですが、深夜0時前後の早目に一度仮眠をとり、明け方にもう一度仮眠をとるように心がけてください。そして勤務明けの帰宅時の通勤時間帯には眠気のない状態で、車の運転や通勤電車での事故がないように注意しましょう。

緊急時の眠り方

緊急時に不眠不休で取り組む方々への助言として、短時間睡眠を応用するとよいことも付け加えます。人間の大部分は標準的に毎夜一回連続した睡眠をとる単相性睡眠であり、独特のものです。

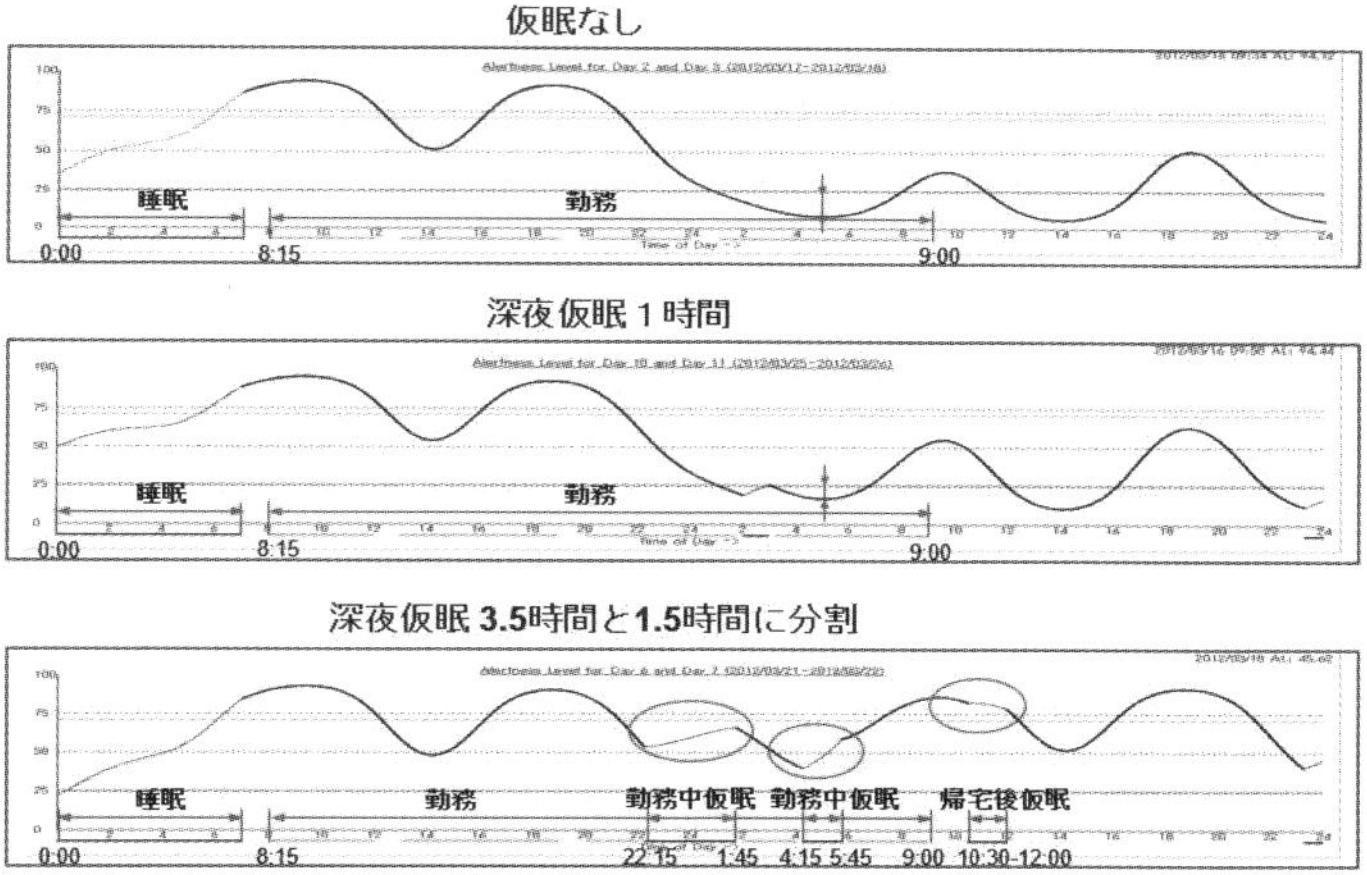

図９―４　24時間勤務でのよい仮眠の取り方

しかし他の多くのほ乳類（八五％以上）は多相性睡眠で、特に危険な自然環境の中で生活している時には、超短時間の睡眠―覚醒のパターンです。すなわち、このような動物種の睡眠は二四時間に数回分割されています。人間の場合、緊急時や重大な危機的状況では、睡眠時間はかなり短縮されますが、行動能力は格別に高い要求がなされます。例として、大西洋ヨット横断レースといった場合では四時間見張りをして三〇分眠ることを繰り返したクルーが最も成績がよかったとの研究があります。七時間眠っていたグループは最下位でした。ただ、このようなスケジュールは専門的な訓練を受けた要員（救急救命士、宇宙飛行士、軍事要員）のみに適応できるものであり、一般の方は短時間の睡眠を一日に二～三回繰り返すのがよいと考えます。疲れたら、たとえ三〇分でもよいから眠ることでその後の作業能力、注意力、安全性が格段に回復します。

深夜勤務の食事

深夜勤務で空腹を抑えるようなものを少し口にするのは構いません。深夜に働くときにふさわしい食べ物は、低脂肪のタンパク質、お米、パン、イモ類などの複合炭水化物です。ラーメンや丼ものは、脂肪が多く消化に時間がかかり眠気を誘いますので控えましょう。また、深夜勤務になるとつい深夜に食べてしまうために、食事回数が四回と増えがちになりますが、そうならないように、一日三回にとどめるように食事時間を気にかけておくことも重要です。

表9―1に深夜の食事をまとめました。交代制勤務の方々は、胃腸疾患、高血圧症の疾患がもっとも多く、睡眠管理以外に栄養管理も重要な健康管理の一つです。

表９—１　深夜勤務にふさわしい食べ物、ふさわしくない食べ物

ふさわしい食べ物	低脂肪タンパク質：ささみ、赤身の牛肉、魚、豆腐、豆類、チーズ、ヨーグルト 複合炭水化物：米飯、パン、イモ類、そば、コーンフレーク、ビスケット 水：常温または白湯
ふさわしくない食べ物	脂肪分が多いもの：ラーメン、丼もの、揚げ物、ピザ、ポテトチップス 糖分が多いもの：チョコレート、ケーキ、炭酸飲料、缶コーヒー カフェインが多いもの：コーヒー、紅茶、栄養ドリンク

交代制勤務への提言

交代勤務者の健康を守ることは重要な課題です。そのためには、睡眠学の観点から体のリズムを考慮した働き方を考えることが、労働者の健康を守り安全な業務を遂行するために有効です。

日本での交代制勤務サイクルは欧州型の早い回転スケジュールを採用する職場が多く、八時間三交代制が一般的です。しかし、このタイプは、ほとんど毎日のように入眠時刻と起床時刻を後退させながら調節をしなければなりません。そのために睡眠の規則性を維持することが困難で、そして夜勤後の休日を経て急速に日勤に戻さなくてはならず、ソーシャル・ジェットラグになるのです。

これに対して、二四時間勤務の場合は一日の

勤務時間が長く、勤務と休日における睡眠時間の調整が困難です。十二時間勤務のゆっくりした回転は、睡眠と生活リズムの規則性を保持できる特長があります。その結果、疲労度を低下させることの可能性があり、さらに十二時間二交代制の回転では隔週週末に休日を設けることもできるのです。

勤務スケジュールを決めるとき、経営側と労働者の都合のみで勤務時間を決めるのではなく、そこに体のリズムや生理学的な面を考慮することが大切です。

参考資料

1） 宮崎総一郎、森国 功著 『どうしてもがんばらなくてはならない人の徹夜完全マニュアル』中経出版 二〇一二年

第十章　睡眠時無呼吸症候群

睡眠時無呼吸症候群〜大きないびきに要注意

「睡眠時無呼吸症候群」は働く世代の男性の約十四％が有しているとの報告があり睡眠に関連した病気として見過ごすことができません。

事例一　片頭痛で悩んでいた、ある健診機関の管理職（五二歳、男性）

五年前でしょうか。仕事中に眠くなることが多くなり、また片頭痛が続いていました。眠っても頭痛は解消しません。この時期は、公私ともに悩みごとがありました。一種のストレスかと思って診察を受け、「睡眠導入剤」の服用を始めました。それなりの役職に就き、仕事はできると自負していたので、「精神的に弱い」とは思いたくありませんでした。そこで、自分自身がストレスに向き合えるようになるために、片頭痛を抱えながらも、「産業カ

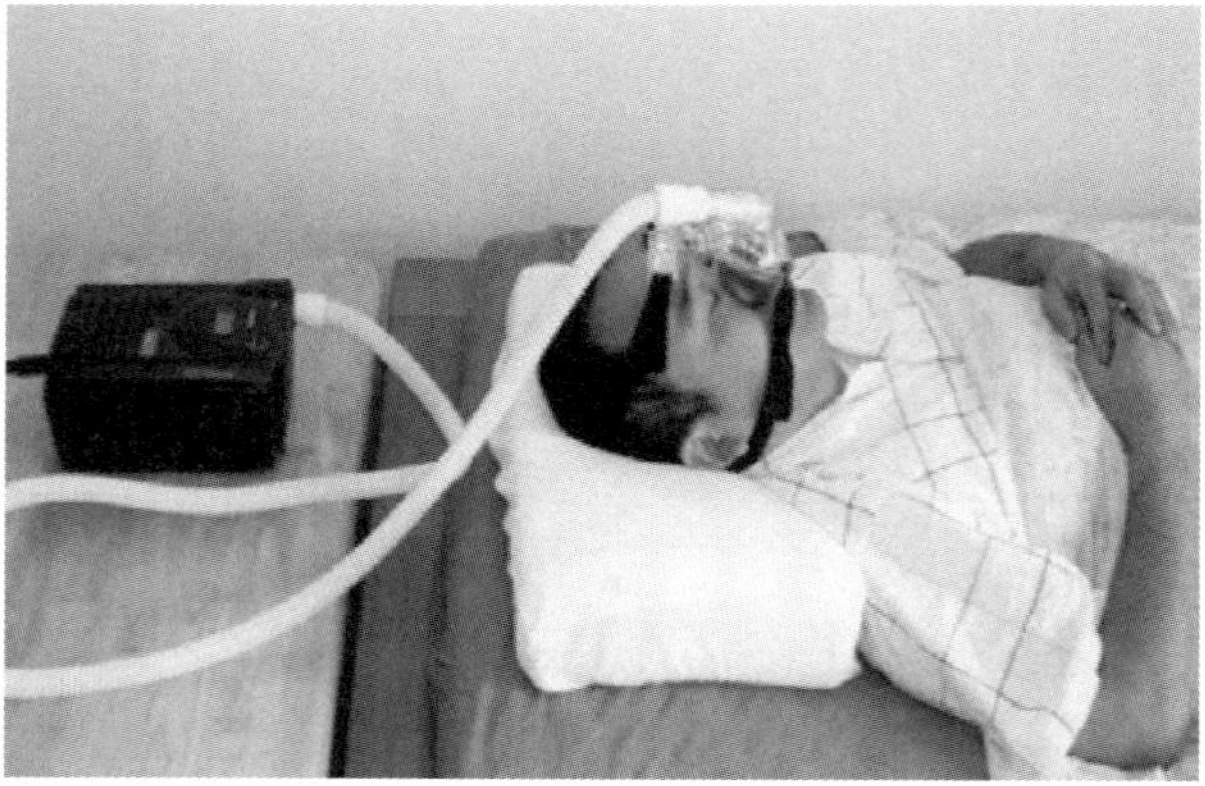

真10—1　シーパップ治療

ウンセラー」資格を一年半かけて取得しました。

処方された睡眠薬の効果もさほどなく、二年が経過しました。このまま人知れず、「睡眠薬」と付き合うのかと思っていました。そのころ、元来いびきがかなり激しいこともあり、迷惑をかけるからとこれまで別に寝ていた嫁と二〇年ぶりくらいに同じ部屋で寝ることになりました。するとある夜、嫁から「父さん、夜中に息が止まっている」と言われました。そこでX病院で検査を受けたところ、「睡眠時無呼吸症候群」と診断されたので、鼻からマスクで圧縮した空気を送り、気道の狭窄部を広げることで楽に息のできるシーパップ治療（写真10—1）を行うことになりました。

それからもう三年近くなりますが、今は快適な毎日です！　治療によって、人生が変わりました。

振り返れば、五年前から症状はあったと思います。以前は六五kgだった体重が少しずつ増えていき、七二kgにまで達していたのです。シーパップ治療を行って、今は本当に夢のようです♪

事例二　夜のおもらしで悩んでいた営業職（四八歳、男性）

二年ほど前より、いびきがひどくなり、睡眠時の無呼吸を妻から指摘されていました。タイマーで計ると、三〇秒近くも呼吸が停止しているとのこと。そのころ、体重が百kgから一一五kgまで増加。血圧も一三〇mmhg程度だったものが、二二〇mmhgとなっていました。同じころから、睡眠中に三回以上もトイレに行くようになり、おもらしをすることもあったため、泌尿器科を受診しました。しかし、エコー検査等を受けても、前立腺も含め問題ないとのことでした。また、糖尿病もありませんでした。昼間の眠気がとてもひどく、車で高速道路を走行中にふらっとすることがたびたびありました。路肩で休んでいると、自分のいびきでびっくりして起きてしまうこともありました。

その後、睡眠クリニックのことを知って、睡眠検査を受診しました。その結果、寝ている間にのどがつまって息ができなくなる症状（閉塞性無呼吸）が一時間当たり百回以上認められました。また、血液中の酸素濃度は、正常なら九五%以上あるところが、六二%まで低下していました。

そこで、シーパップ治療を始めました。すると、その夜から寝ているときにトイレに行かなくなり、おもらしもなくなりました。血圧の値も正常となり、眠気や頭痛もすっかり消失して、喜んでいます。

睡眠時無呼吸症候群の症状とは

最近話題にのぼることが多い睡眠時無呼吸症候群は、いびきや睡眠中の無呼吸、昼間の強い眠気などが特徴の病気です。この病気の罹患者は年々増えており、働く世代の男性の十四%近くが罹患しているとの報告がされています。

睡眠時無呼吸症候群では、いびきや無呼吸が高頻度に認められる一方、眠気以外の自覚症状がほとんどありません。そのため、本人が気づくことは少なく、周囲の人に言われてしぶしぶ病院に来るケースが多いのが実情です。

典型的な症状には、次のようなものがあります。

- 大きく苦しそうないびき、無呼吸
- 日中の耐えがたい眠気
- 夜間二回以上のトイレ
- 熟睡感のないこと
- 起床時の疲労や頭痛、口内乾燥
- 集中力、記憶力の低下、意欲低下

無呼吸・低呼吸が睡眠中にみられるのは、睡眠中に空気の通り道である上気道が狭くなり、最終的に閉塞してしまうからです。上気道が狭くなるといびきが生じ、閉塞すると無呼吸となります。

無呼吸が持続すると低酸素状態となり、大脳がそれを感じて眠りから覚醒させて呼吸を再開させます。しかし、しばらくすると再び睡眠状態となり、無呼吸が出現します。このように無呼吸の患者は一晩中、「睡眠—無呼吸—覚醒—睡眠」のサイクルを繰り返すため、質のよい睡眠をとることができないのです。

この病気に特有の日中の強い眠気は、夜に眠れていないために起こります。日中の強い眠気は社会活動を制限するだけでなく、交通事故率を高めるなど社会生活に大きな影響を及ぼします。

主な原因は何か

睡眠時無呼吸症候群の主な原因は、肥満によるものが三五%、顎が小さいことが三五%、へんとう肥大が二〇%、鼻閉による呼吸障害や飲酒などその他が十%と推定されています。

肥満は睡眠時無呼吸症候群の重要なファクターで、太ると起こりやすく、やせれば治りやすいというデータもあります。しかし、睡眠時無呼吸症候群の人すべてが肥満であるということではありません。肥満でなくても、下顎が小さい人は睡眠時無呼吸症候群になりやすく、逆に肥満度の高い人でも、下顎がしっかりしている人は気道が広いので睡眠時無呼吸症候群になりにくいのです。

また、無呼吸が継続すると低酸素状態となり、すべての臓器が悪影響を受けますが、特に循環器系は影響を受けやすくなります。無呼吸がある人は無呼吸がない人に比べて、高血圧が二・一倍、心疾患が三・二倍、脳血管疾患が三・一倍と合併症のリスクが高まります。さらに、認知症が一・七倍、糖尿病が二・三倍と報告されています。

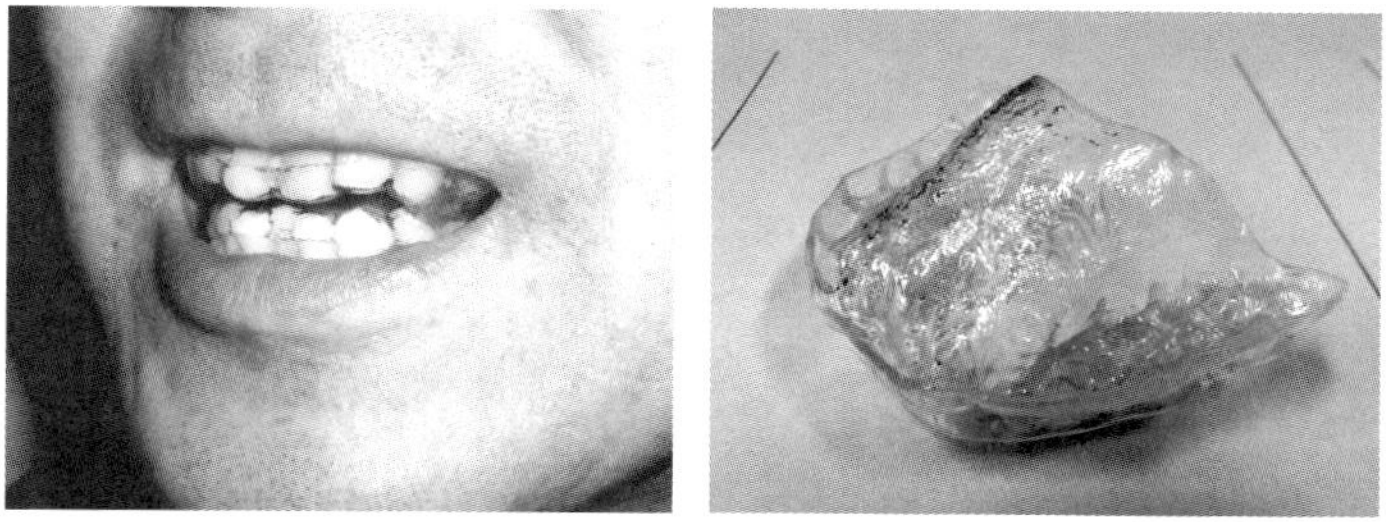

写真10―２　口腔内装置

診断の仕方

睡眠時無呼吸症候群の診断には、睡眠検査が必要です。一晩入院して行う精密検査と、自宅で行うことができる簡易検査があります。

治療は、原因に応じて、減量、へんとう摘出、鼻閉の改善などがあります。睡眠中に鼻マスクを装着し、空気を吸入しながら就寝するシーパップ治療は有効で安全性も高く、最初に適用する治療となっています。しかし、根治治療ではないため、長期間継続する必要があります。比較的軽症の患者や肥満ではない患者は、睡眠中にマウスピース（口腔内装置、**写真10―２**）を使って下顎を前方に移動させ、上気道の閉塞を予防することが有効な場合もあります。

睡眠不足と肥満

睡眠時無呼吸症候群で治療を受けているＹさん（四〇歳、

男性）。この病気の治療には減量が必要ですが、なかなかダイエットできないでいます。というのも、仕事が忙しくなると睡眠時間が四時間程度になることがざらで、深夜に空腹感を覚え、つい食べてしまい、食事が一食増えてしまうような状況です。そのため、睡眠不足が一週間も続くと、体重が五kgも増えてしまうとのことでした。また、「起きて働いているから、おなかが空くのは当然」と思い、深夜勤務の時には脂っこいものや炭水化物、特にラーメンなどが食べたくなるとのことでした。

しかし、実はそうではありません。おなかが空くのは、「徹夜」というストレスに対抗しようとする体の反応によるものなのです。睡眠をきちんととらないでいることは、体にとって大きな負担なのです。そのためストレスホルモンの一種で胃から分泌される空腹感の信号ホルモン（グレリン）が増加し、空腹感を増進させて炭水化物や脂っこいものなどが食べたくなるように仕向けるのです。一日の睡眠時間を四時間に制限すると、たった二日後にグレリンが二八％も増加したという研究結果があります。さらに、四時間しか眠らない場合、食欲を抑制し、代謝を高めるレプチンというホルモンが十八％も減ってしまったという結果が出ています。言い換えれば、睡眠不足になると空腹感が高まり、食欲抑制ができなくなり、代謝も低下していくのです。

睡眠不足が続くと、これらのホルモン変化のダブルパンチで、こってりしたものが食べたくなるばかりか、動作が緩慢になりエネルギー代謝が低下し太りやすくなります。

認知症のリスクを高める睡眠時無呼吸症候群

睡眠時無呼吸症候群は睡眠中に気道の閉塞が繰り返し生じる疾患で、大きないびきと日中の過度な眠気が主な症状です。睡眠中の低酸素や頻回な覚醒反応により、高血圧、心臓血管疾患、脳卒中、糖尿病等に加えて、認知症発症にも関連することが報告されています。

重症の睡眠時無呼吸症候群患者十七人（平均年齢四四歳）と、同等年齢の健常者十五人に対して頭部ＭＲＩ検査と認知機能検査を行った結果、重症の睡眠時無呼吸症候群では広範な認知機能の低下が認められ、その低下は海馬、左後側頭皮質、右上前頭回などの灰白質*量の減少と関連していたと報告されています。さらに、三カ月の治療によってこれらの認知機能が改善し、並行して海馬や前頭部の灰白質量が増加したとも報告されています（認知症予防と睡眠については第十二章参照）。

＊灰白質　脳の表面の神経細胞のあるところ。

第十一章　子どもの睡眠、シニアの睡眠

夜遅く眠る子どもが増えている

睡眠障害は、大人だけでなく子どもにもまん延しています。平均就寝時刻を調べた調査では、小学生で二二時台、中学生で二三時半、高校生では午前0時半とかなり遅く、一九七〇年に比べて睡眠時間は五〇分〜一時間も短くなっています。同様に睡眠不足を感じている子どもは、小学生で約六〇％、中学生で六七％、高校生で七四％に及びます。同様の傾向は乳幼児にもみられ、二歳児で二二時以降に眠る子どもの割合が一九八〇年では二九％だったものが、一九九〇年には四一％、二〇〇〇年には五八％までに増加しました。しかし二〇一〇年にはやや改善し三五％になっています。ただ乳幼児の場合は、共働き家庭の増加に伴い、帰宅時刻の遅い両親が帰宅してから子どもとのスキンシップを図ることにより、親の都合で就寝時刻が遅くなっているケースも多分にあると考えられます。

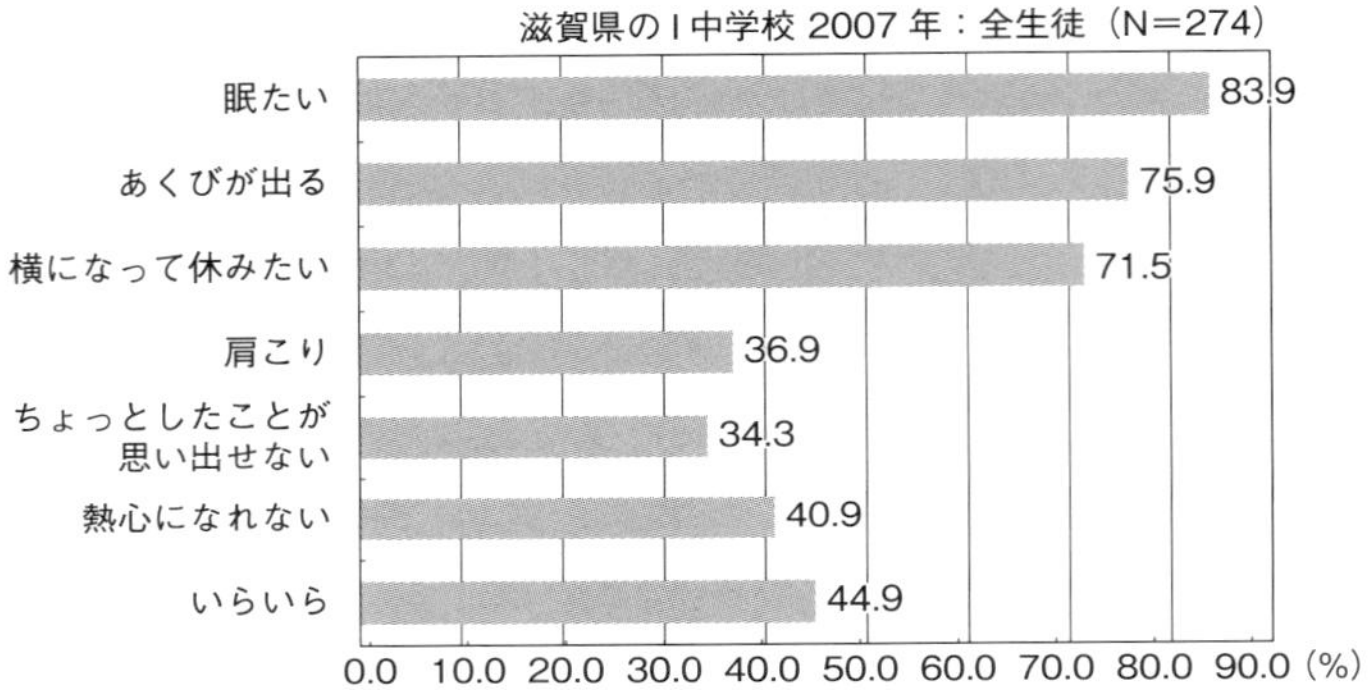

図11—１　滋賀県郡部の中学生を対象にとった睡眠アンケートの結果（日中の気分について）

睡眠に問題のある子どもには、昼間に眠い、横になりたい、頭痛、肩こりといった身体症状とともに、イライラする、物事に熱心になれないなどの集中力・記憶力の低下、感情抑制の困難等の症状が出現します。筆者が滋賀県郡部の中学生二七四人を対象にとった睡眠アンケート[1)]では、七割以上の中学生が「眠たい」「あくびが出る」「横になって休みたい」と回答していました（**図11—1**）。

子どもへの睡眠健康指導

子どもの睡眠健康を増進するための指導法を紹介します。子どもへの睡眠健康指導は、成人に対する指導とほぼ同様です。

(1) 光で体内時計をリセット

睡眠の質をよくするポイントは、なるべく同じ時刻に就床し、朝は光で体内時計をリセットすることです。ヒトの睡眠・覚醒リズムは約二五時間周期ですが、それを二四時間に同調させるためには、光や食事、運動、社会的活動などの同調因子が重要です。これらが睡眠・覚醒リズムのみならず、内分泌リズム、自律神経をコントロールしています。

ヒトは朝起きて日の光を浴びて、その後十五時間後に眠たくなるようなリズムになっています。つまり、朝起きた時刻で、夜に眠くなる時刻が決まっているのです。ある幼稚園で、睡眠について講演したところ、あるお母さんから「三歳の子どもが早く寝ないので困っていました。しかし、講演を聞いた後に、子どもが朝起きた時刻から眠るまでの時間を計算してみると、子どもが寝る時間は起きてから十五時間後でびっくりしました。明日からは朝にカーテンを開けて、子どもを早く起こしてみようと思います」という感想文が寄せられました。朝に十分な太陽光を浴びさせずに、暗い部屋で眠らせていたので、その結果入眠時刻が遅くなっていたのでした。

(2) 照明

入眠前から部屋の明かりを暗くすることは、メラトニン（体内時計を調節するホルモン）分泌を妨げないようにするためであり、精神的な鎮静化をはかるために有効です。以前は、二五〇〇ルクス以上の高照度の光でないとメラトニン分泌は抑制されないとされていましたが、最近の研究では三〇〇ルクス以下の低照度でも長時間にわたるとメラトニン分泌が抑制されることが分かってきました。特に蛍光灯に多く含まれる青い光の波長はメラトニンの分泌を抑制する作用が強いので、夜間は暖色系の電球にすると睡眠にはよい効果があります。さらに子どもは光への感受性が成人に比べて強いので、容易に光の影響を強く受けてしまいます。

ここで、沖縄で耳鼻科を開業されているN先生の経験談を紹介します。「二年前に睡眠健康指導士養成講座*1を受けてから、家の照明の使い方を変えました。それまでは、蛍光灯でとても明るくしていました。夜に明るい光を浴びると寝つきが悪くなると聞いたので、さっそく夕食が終わった後、蛍光灯を消して白熱灯の赤みのある間接照明にしました。そうすると、子どもが早く眠るようになりました。子どもは四歳と二歳ですが、それまでは二人で遊んでいてなかなか寝ませんでした。しかし、間接照明にして絵本を読んでいると自然に眠るようになり、その効果に驚きました。あと、寝室も真っ暗にしました。それまでは、豆電球をつけて寝かせていたのですが、朝の寝起きがよくないことが多々ありました。強制的に暗くすると、子どもたちは最初のうちは暗いのを怖がっていましたが、一週間ほどで慣れました。真っ暗な中で寝かせると、寝起きもよくなりました。私たち夫婦も、暗めの環境にいると自然に早く眠れるようになりました。光の効果のすごさに驚いています！」。

(3) テレビやゲーム

深夜のテレビ視聴、パソコンやゲームは大脳を活性化し入眠障害、中途覚醒の原因となるので、子どもの場合は夜に眠る時刻の少なくとも一時間前から控えることが大切です。米国の睡眠研究所で行われた実験ですが、平均年齢二四・九歳の若者十二人を対象として、入床時刻の四時間前から印刷書籍または電子書籍を読んだ場合の睡眠を終夜ポリグラフ[*2]

＊1　睡眠健康指導士養成講座　睡眠健康指導士は、正しい睡眠知識を社会の人に伝え、国民の健康増進に寄与する人材として、二〇〇六年から日本睡眠教育機構で養成されている。東京、名古屋、神戸等で講座が開催されている。詳細は、https://jses.me を参照。

で評価しました。その結果、電子書籍を読んだ場合には、入眠のスピードが十分以上延長、メラトニン分泌開始時刻の遅れや分泌量低下、起床時の注意力低下を来したと報告しています。

(4) 朝食

朝食の摂取は、体のリズムを整えるだけでなく、セロトニン（覚醒を調節するホルモン）やメラトニン分泌にとって重要です。朝食で摂取した必須アミノ酸のトリプトファンは、昼間はセロトニンが合成されてヒトを活動的にします。夜になり暗くなると、松果体と呼ばれる脳に存在する小さな内分泌器で、セロトニンからメラトニンが合成され、睡眠が導かれます。

筆者が静岡県の小中学生一九〇人に、朝食の品数と「夜十時前に眠りますか」と尋ねたところ、朝に三品以上食べている子ども（一二九人）は十時前に眠る比率が四一％であったのに対し、二品以下の子ども（六一人）では十五％と明らかに低値でした。バランスのとれた朝食をとることは、よい睡眠をとる大事なキーとなります。

子どもだって「睡眠時間」がほしい

睡眠は、大脳の進化とともにその重要度を増し、「脳を創る」「脳を育てる」「脳を守る」「脳を修復する」という大切な役割を果たすようになりました。

しかし、『子供の生活十年調査』（博報堂、二〇〇七）では、十年前は児童生徒が最も増やしたい時間は、「友達と過ごすこと」が第一位でしたが、二〇〇七年では「睡眠時間」がトップとなっていました。今や子どもから成人まで、満足に眠れていないのが現状です。睡眠健康指導を通じて、子どもの健やかな成長を見守りたいと考えます。

シニアの睡眠

シニア世代では、若者に比較して睡眠障害がさらに高率に見られます。わが国では国民の五人に一人が不眠など、何らかの睡眠障害をもつとされていますが、シニアではその割合が増加し、約三人に一人が睡眠の問題で困っています。

二〇一五年十月一日現在、わが国の人口は一億二七一一万人で、六五歳以上のシニア世

＊2　ポリグラフ　呼吸、脈拍、血圧などの生理現象を同時に測定・記録する装置。

代は三三九二万人となり、総人口に占める割合（高齢化率）は二六・七％です。「団塊の世代」が七五歳以上となる二〇二五年には、三六五七万人に達すると見込まれています。このような高齢化に伴い、睡眠に悩む人々の増加が推測されます。

人は何時間眠るのが、健康にとってベストなのでしょうか。これについては、第二章で**「睡眠時間は人それぞれ。朝起きたときに疲れがなく、昼間に普通に活動できていれば、あなたの睡眠は足りているとお考えください」**と説明しています。しかし、「健康のためには、七時間から八時間眠らなければならない」と思い込み、そのため長く眠れないことがストレスになって不眠症に陥る方に、少なからず遭遇します。

シニアの睡眠の特徴として、睡眠時間の減少、入眠するまでの時間延長、中途覚醒の増加、覚醒閾値の低下、レム睡眠の減少、深いノンレム睡眠の減少などがあります。また、加齢とともに、日中の居眠り増加に加えて、早寝・早起き傾向となります。（図11—2、表11—1）。

このようなシニアにみられる睡眠構築*3の変化は、睡眠の質の低下、睡眠障害につながりますが、その要因として中枢神経系活動の加齢化、すなわち脳細胞のシナプス活動の低下や代謝率の低下などが考えられています。

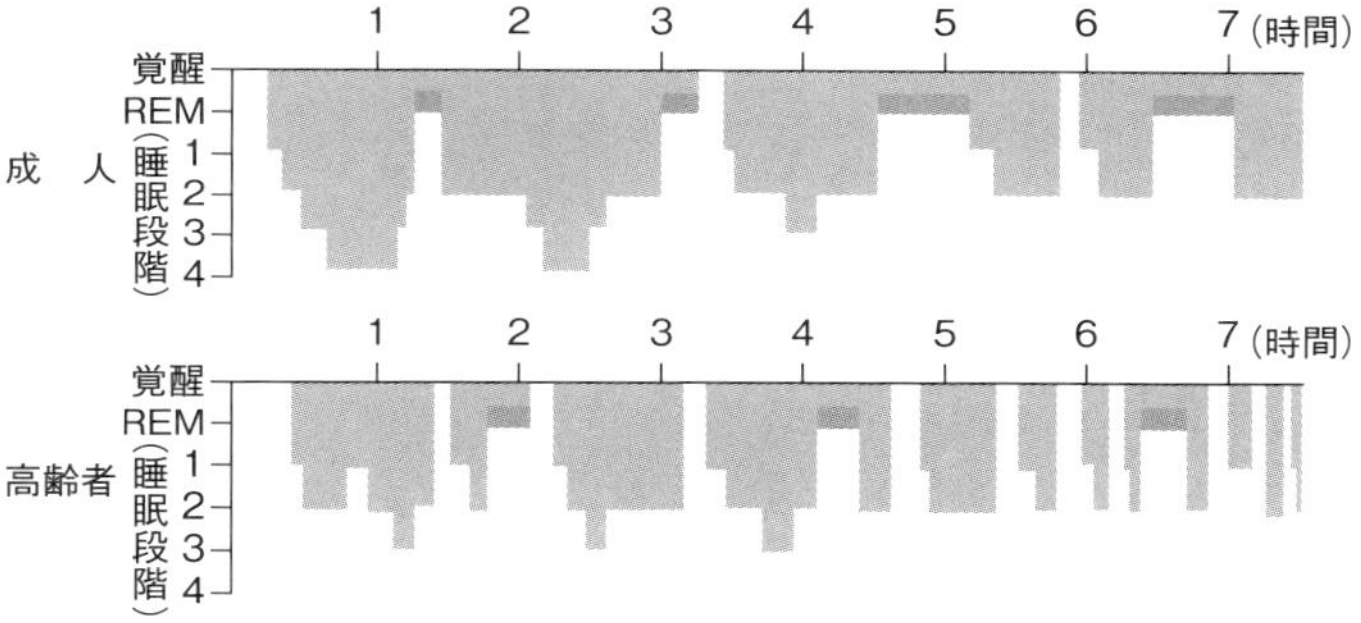

図11—2　睡眠の加齢変化

シニアの生体リズム

シニアでは生体リズムの変化が睡眠障害の原因となることが分かっています。生体リズム変化の主な要因として、昼夜を区別する時間的手がかり（同調因子）の減弱と、生体リズムに関与する中枢機構（生体時計）の機能的あるいは器質的障害が挙げられます。

同調因子の中で最も重要なものは「光」です。シニアは社会の第一線から退いているため外出する機会が減ることから、高照度光へのばく露時間が減少し、光同調因子が減弱します。また、対人交流が限られたものとなり、日中の活動性が低下することで運動量が減少し、社会同調因子の低下が著しく、メリハリのない一日を過ごすことになります。

＊3　睡眠構築　一晩のレム、ノンレム睡眠の繰り返しの構築。

表11―1　加齢による睡眠の変化

- 睡眠を維持する能力の低下
- ささいな刺激で覚醒
- 熟眠感の減少
- 日中の眠気の増大（昼寝の増加）
- 睡眠が前倒し
- 深いノンレム睡眠の減少
- 中途覚醒の増加
- レム睡眠の分断

さらに、白内障や網膜および視神経の退行性変化により視覚機能が低下することも、生体リズム障害の一因になります。白内障に罹ると、レンズからの受光量が減少し、視機能が低下するだけでなく、視交叉《しこうさ》上核《じょうかく》にある生体時計に伝達される光量も低下し、暗い室内で生活する場合と同じ条件になってしまいます。そのため、不眠やリズムの障害が起こりやすくなります。さらに、視覚のみならず多くの感覚機能が低下していくため、同調因子を受容する能力が衰えていくことになります。

加えて、加齢による時計機構の変化が、シニアの生体リズム変化の原因として挙げられます。ヒトの生体時計は一日約二五時間を周期とする固有の内因性振動を有していますが、加齢とともにこの周期は短縮し、七〇～八〇歳では二四時間に近づくことが報告されています。このことが、シニアの早寝・早起きに関係していると考えられています。

シニアの睡眠障害

シニアにおける睡眠障害は、入眠困難、中途覚醒、早朝覚醒の不眠症状に、日中の機能障害（倦怠感、集中力や記憶力低下、不安感、気力減退ほか）を伴った場合に、不眠障害と診断されます。そのため、たとえ寝つきが悪くて中途に何回か起きても、日中の活動にあまり影響がない場合には不眠とは診断されないのです。眠れないと感じていても、昼間に普通に活動できていれば、睡眠は足りていると考えるとよいのです。

ここで、シニアに多い睡眠障害の事例を紹介します。

事例一　相続問題がきっかけ　七〇代、女性

「夫の死後に相続問題で悩み、寝つきが悪くなった。その後問題は解決したが、眠れる自信がなくなり、近くの病院を受診したところ、軽い睡眠薬を処方され、眠れるようになった。しかし、睡眠薬が癖になるのではないかと思って睡眠薬を中止すると、眠れなくなる。そのうち、毎日の睡眠薬服用に関する葛藤が強くなり、睡眠外来を受診した。」

この事例では相続問題の悩みから寝つきが悪くなりましたが、過度の不安は眠るために過剰な努力を促し、さらに不眠恐怖が増強され過覚醒となって、眠れなくなるといった悪循環が形成されているのです。

事例二　寝ながらテレビ　六〇代、男性

「『寝つきが悪く、いつも三〇分以上かかります。夜中に何度か起きて、トイレに行きます。ぐっすり寝た気がしなくて、昼間も眠いです』と訴えて、睡眠外来を受診。入眠前の状況を聞いてみると、寝室でテレビを眠くなるまで見ているとのことだった。そこで、夜九時以降は寝室を暗めにして、テレビをやめてラジオ等を聞くように睡眠指導を行った。

一カ月後、とてもすっきりした表情で現れた。『寝ながらテレビを見るのをやめたら、寝つきがとてもよくなりました。最近では、寝床に入ってから十五分ほどで眠れるようになり、睡眠中にトイレにも起きなくなりました。途中で起きなくなったので、朝に熟睡感があります。昼間も眠くなくなりました。今までは、各部屋にテレビを置いており、計三台あったのですが、すべて片付けました』と、睡眠日誌の記録を示しながら話された。」

このような例は、睡眠外来を担当している医師であれば、日常の臨床で多々遭遇します。

テレビやパソコン等の電子機器は今や私たちの暮らしと切り離せないものになっています。しかし、入眠前に小さいが明るい画面に集中すると、大脳が興奮して眠気がなくなります。さらに、中途覚醒や熟睡感がなくなる原因になるのです。

事例三　むずむず脚症候群　六〇代、女性

六〇歳の女性Mさんは、五年前ほどから夜になると脚のしびれや痛みがあり、寝付きが悪くて困っていました。また、そのころから血圧が高くなり、薬を飲んでもよくなりませんでした。脚を動かしたり、さすったりすると少しは楽になりますが、ゆっくり眠れないでいました。その代わり、昼間は眠くて困っていました。このような状況のため整形外科を受診して検査を受けたところ、「問題ありません」と言われました。

あるとき、友人が同じような症状で、薬ですっかりよくなったとのことを聞いて、睡眠外来を受診して病院に一泊して検査を受けたところ、睡眠中に足がピクピクと動いていることが分かりました。病院で処方された薬を一錠飲んだその晩から、脚の痛みや、しびれがすっかりなくなり、久しぶりにぐっすりと眠ることができました。そして、長年高かった血圧も低下して正常になりました。

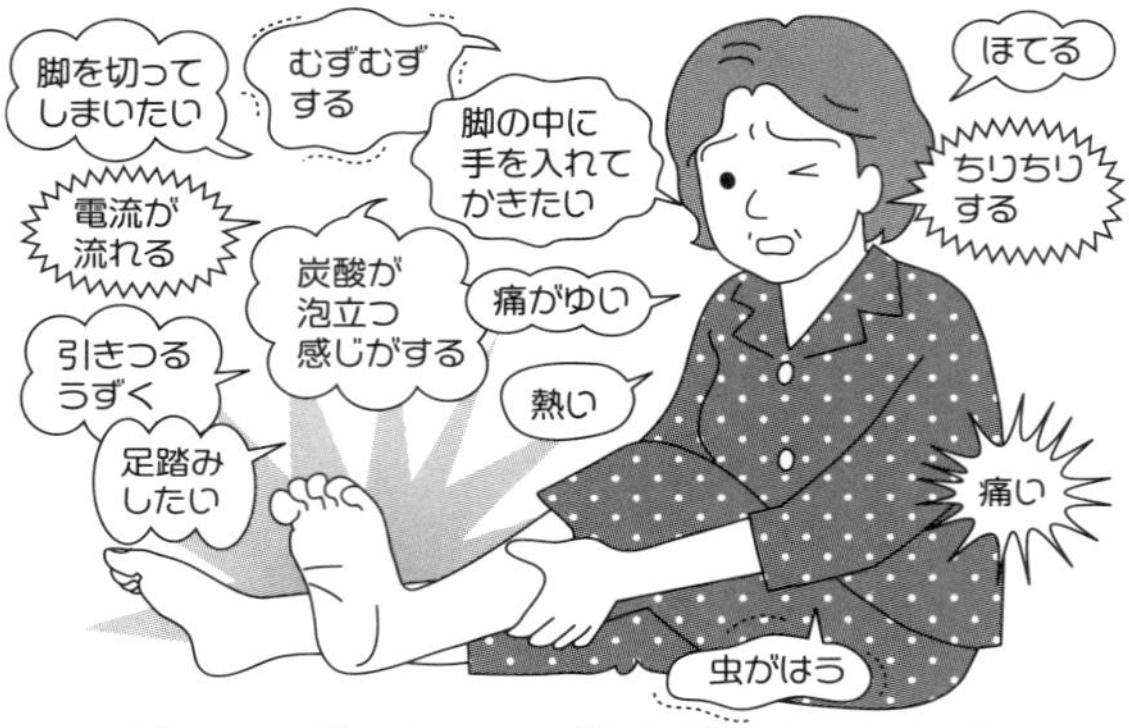

だからどうしても脚を動かしたい!!

図11―3　むずむず脚症候群の症状例

症状の特徴

このような症状は、「むずむず脚症候群（レストレスレッグ症候群）」という病気に特徴的なものです。「じっとしていられない」「むずむずする」「かゆい」「痛い」「虫がはっているような」などの何とも表現しづらい感覚（図11―3）が、夜寝る前などの静かにしているときにひどくなり、脚を動かすとそのときだけは楽になります。

また、座っていたり横になっていたりするときに、主に太ももからふくらはぎ、足首などに、じっとしていられない不快感を生じます。この症状は、歩いているときには軽くなるか消失しますが、安静状態になるとまた悪化します。この症状は、映画館や会議などで座っているときに生じることもありますが、夜間に悪化することが多く、不眠

表11―2　むずむず脚症候群の臨床特徴

- 脚（ときに腕）にむずむず感、熱感、虫がはうような感覚があり、動かしたくなる。
- 症状が安静時に出現するか増悪する。
- 症状が夕方から夜間に出現するか増悪する。
- 症状が運動によって改善する。

の原因となります（表11―2）。

この病気は日本人の二〜三％にみられ、高齢者に起こりやすいのですが、若年者や子どもにみられることもあります。また、むずむず脚症候群であるために起こる不眠は、慢性かつ重症化しやすいため、気分の落ち込みや不安・イライラの原因となります。放置すると、高血圧などの循環器系の疾患が起こりやすくなります。

症状の特徴を聞くことで診断が可能ですが、家族性[*4]に生じる場合もあるので、家族（家系）で同様な症状の人がいるかどうかを確認する必要があります。また、睡眠中に足関節の周期的な背屈運動（足の甲の側に関節を動かすことで、周期性四肢運動と呼ばれ、二〇〜四〇秒周期で生じる）があるかどうかを確認することも診断に役立ちます（むずむず脚候群では、五〇〜八〇％に周期性四肢運動を合併します）。

＊4　家族性　特定の疾患や病気が、ある家族（家系）に集中して多発すること。

有病率は、欧米人では五～一〇％（アジア人では一～三％）とされており、決してまれな疾患ではありません。好発年齢（病気にかかりやすい年齢）は四〇歳以降で、性差は「男性：女性＝一：一・五」で女性に多くみられます。原因に関してはまだ不明ですが、脳内錐体路系の機能障害や鉄欠乏状態が関与したドパミン系の機能異常などが考えられています。また、腎不全、人工透析者、鉄欠乏性貧血、妊娠、パーキンソン病などで合併することが知られています。

改善方法、治療法は？

症状改善には、お茶、コーヒー、紅茶などのカフェインが含まれている飲料を控えます。筆者が診ている女性で、コーヒーを一日に六杯以上も飲んでいましたが、控えたことで症状が著しく改善した例もあります。さらに、鉄分不足の場合には鉄補充が必要であり、ニコチン、アルコールを控えることも重要です。

薬物治療の観点から見ると、睡眠薬は無効です。ドパミン作動薬（ビ・シフロール、ニュープロパッチ）などが投与されます。薬物治療効果は高く、およそ九割以上で症状が改善します。

意外と知られていない病気だけに、治療を受けている人はごく一部にすぎません。夜によく眠れない、昼間にとても眠いといった症状があり、夜になると脚がむずむずしたり、寝ているときに脚がピクピクとする場合には、ぜひ一度、睡眠障害の専門医、神経内科等の受診をお勧めします。

事例四　レム睡眠行動障害　六〇代、男性

「四年前に娘が嫁いだころから、睡眠中に立ち上がる、大声を出すなどの奇行が現れるようになった。最初は年一回程度だったが、一年前からは、職場の同僚が辞めたことで仕事のストレスも影響したのか、睡眠中の奇行が月三回程度になった。寝ている最中に布団の上で泳ぐしぐさをしたり、頭を家具に打ちつけたりするといった行動が見られた。あるときは、窓ガラスを割って出血し大騒ぎになった。奥さんに起こされるとわれに返り、夢を見ていたことを自覚していた。」

夢を見ているとき、脳は部分的に活発に活動していますが、体が動かないように筋肉が緩み、夢の中と同じ行動が取れないように制御されています。しかし、高齢者やパーキンソン病など神経系の病気を抱えている場合などは何かの拍子に筋肉を動かすスイッチが入

り、夢の内容に沿って体が動いてしまうことがあります。この病気は成人になってから発症し、患者の大半は六〇歳以上の男性です。高齢者の約〇・五％程度で発症すると報告されています。

夢の中と同じ行動をとるので、熊と闘っているつもりで隣に寝ている奥さんに暴力を振るってしまった例もあります。それは寝言から始まり、そのうち手が動くようになり、起き上がって暴れるようになります。そのような際には、体を揺すったり、大きな声で起こしたりすると、目を覚まして、このような行動をやめます。

対処法としては、転落防止のためベッドを布団に替える、寝床の周囲に家具を置かないなど、寝室での安全を確保するとともに、クロナゼパム（抗てんかん薬、筋弛緩薬）の服用で九割の近くに効果が現れるため、第一選択薬とされています。なお、レム睡眠行動障害はレビー小体型認知症やパーキンソン病など神経系の病気の前駆症状として起こることが多いので、専門医の受診が大切です。

参考資料

1）Miyazaki S, et al: Sleep education andawareness-raising activities in Japan. Sleep Biol.

Rhythms 14：S3-S9，2016

2）Chang AM, et al: Evening use of lightemittingeReaders negatively affectssleep, circadian timing, and next-morningalertness. PNAS 112：1232-1237，2014

第十二章　睡眠からアプローチする認知症予防

超高齢化社会に伴い、認知症を患う人の数が二〇二五年には七〇〇万人を超えるとの推計値が厚生労働省から発表されています。これは六五歳以上の高齢者のうち五人に一人が認知症に罹患する計算になります。さらに正常から認知症への移行状態といえる軽度認知障害も二〇一二年時点で約四〇〇万人と推計されています。軽度認知障害の人は何もせずに放置すると五年以内に五〇%が認知症になることがわかっており、認知症に対する理解を深め、早期発見・治療に結びつけることが喫緊の重要な課題です。ここでは睡眠と認知症予防の関わりについてみていきます。

認知症とは

認知症とは、「一度発達した認知機能が後天的な障害によって持続的に低下し、日常生活や社会生活に支障を来すような状態」を指します。

しかし、日常生活や社会生活に支障を来すといっても、個人によってその支障程度が全く異なることがこの定義の問題点です。高度なレベルの仕事を要求される人では、軽度の認知機能低下であっても社会生活に支障を来すため認知症と診断されますが、退職して家庭生活を何とか営めれば、かなり認知機能が低下するまで認知症とは診断されない人もいます。脳内の病的変化は同じでも、その人の置かれている生活環境によって診断の変わることが課題です。

「軽度認知障害」とは?

今注目されている「軽度認知障害(mild cognitive impairment:MCI)」とは、認知症の早期発見を目指して提唱された概念です。記憶力や注意力といった脳の認知機能が正常よりは低下していますが、認知症のレベルには至っていないグレーゾーンを指します。

具体的には、①自覚的な記憶障害の訴えがある、②客観的にも記憶障害が存在する、③記憶障害以外の高次脳機能障害がない、④日常生活動作は保たれている、⑤認知症の診断基準を満たさない、というものです。**表12―1**に示したようなことが三つ以上あるようで

表12―1　軽度認知障害で見られる変化

①外出するのが面倒
②外出時の服装に気を遣わなくなった
③同じことを何回も話すことが増えたといわれる
④小銭での計算が面倒で、お札で払うようになった
⑤手の込んだ料理を作らなくなった
⑥味付けが変わったといわれる
⑦車をこすることが増えた

あれば、軽度認知障害が疑われます。

軽度認知障害と診断されると、十二％の人が一年以内に、半数が五年以内に認知症を発症するという研究があります。軽度認知障害とは、いわば認知症の「予備軍」です。

従来、認知症というと進行を止めることはできず、悪化への「一方通行」になるとされてきました。しかし、軽度認知障害の段階で早期発見できれば、認知症になる前に対策をとることができ、認知症を予防できることが報告されるようになっています。

認知症の簡易スクリーニング

筆者が睡眠外来で使用している鳥取大学浦上先生が開発した「もの忘れスクリーニング質問票」（一部改変）を表12―2に示します。読者の皆さんも、パートナー等を相手に実際に試してみてください。ただし、この結果だけで軽度認知障害や認知症

表12—2　浦上式もの忘れスクリーニング検査（一部改変）

質問項目	点数
これからいう3つの言葉を言ってみてください。 あとでまた聞きますからよく覚えておいてください。 （1か2のいずれかを実施。 不正確：0点、正解：1点） 1：a）桜 b）猫 c）電車 2：a）梅 b）犬 c）自動車	a：0　1 b：0　1 c：0　1
今日は何年の何月何日ですか。 何曜日ですか。 （年月日、曜日が正解でそれぞれ1点ずつ）	年：0　1 月：0　1 日：0　1 曜日：0　1
先ほど覚えてもらった言葉をもう一度言ってみてください。 （自発的に回答があれば各2点、もし回答がない場合は以下のヒントを与えて正解であれば1点） a）植物　b）動物　c）乗物	a：0　1　2 b：0　1　2 c：0　1　2
見本の図形と同じ物を書き写してください。 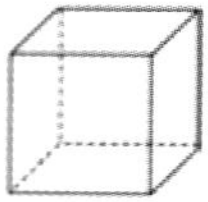	立方体が正しく書ける　2 少しゆがむ、一部の欠損　1 正しく書けない　0
合計	点

を診断できるわけではなく、これはあくまでもスクリーニングであることを理解した上で実施してください。

なお、軽度認知障害や認知症かどうかを調べたいときには、自治体または地域包括支援センターに相談するか、病院の「もの忘れ外来」でより専門的な検査を受けることができます。

また、軽度認知障害、認知症が進行していくと、歩行速度が遅くなることが分かっています。歩行速度が秒速八〇cm（時速二・九km）より遅くなると、軽度認知障害や認知症のリスクが高くなります。横断歩道は秒速一mで渡れるようになっているものが多いので、以前は信号機が青色のうちに渡りきれていたのが、渡りきれなくなると要注意との目安です。ただし、この歩行速度遅延は、認知障害に特徴的なものではなく、筋力低下や加齢変化等も関係していることを理解しておく必要があります。

認知症予防のために

認知症予防には、発症を防ぐ第一次予防、早期発見・早期治療の第二次予防、進行を抑える第三次予防があります。

認知症で最も多いアルツハイマー型認知症では、脳内タンパク質凝集体（アミロイドベータ）の脳内沈着が数十年もの時間をかけて進んでいくといわれています。そこで、認知症の発症を遅らせるためには、発症以前の健康な時期から危険因子を減らす生活習慣を身につけ、アミロイドベータの蓄積の進行を遅らせることが有効であると考えられます。アミロイドベータの蓄積の進行リスクは、高血圧や糖尿病などの生活習慣病がリスクを高める半面、バランスのとれた食事や適度な運動、知的活動などに予防効果があることが分かっています。

さらに最近の研究から睡眠不足や不眠、睡眠時無呼吸症候群も認知症のリスクを高めることが報告されています。

睡眠中の脳メンテナンス

ヒトの眠りは「疲れたから眠る」といった、受動的な生理機能ではなく、もっと能動的であり、「明日によりよく活動するため」に脳神経回路の再構築（記憶向上）、メンテナンス（脳内老廃物の除去）を果たしています。[1)]

二〇一三年に、睡眠による認知症治療の可能性に繋がる基礎研究が報告されました。ヒ

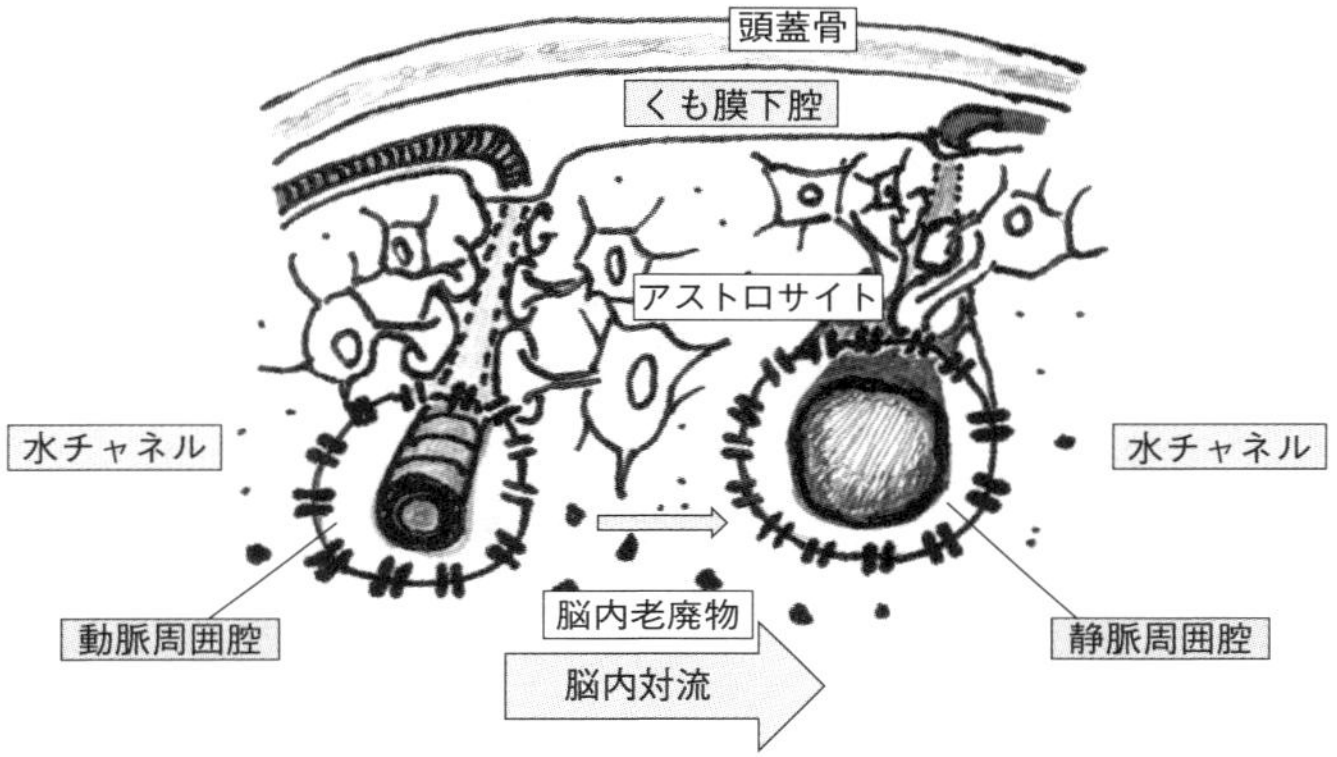

図12―1　脳内老廃物を除去するグリンパティック系[2)]

トの脳は体重の約二％ですが、脳細胞の消費エネルギーは安静時でも体全体のほぼ二〇％にのぼります。その過程で有害なタンパク質の老廃物（タンパク質凝集体）を多量に生じます。成人の脳では毎日約七gのタンパク質がターンオーバーしている（生まれ変わっている）といわれます。[2)]

脳機能を保つためには、これらのタンパク質凝集体を脳内から除去することが必要です。脳以外の領域では、リンパ系がタンパク質老廃物を除去しています。しかし、現在まで脳やせき髄にはリンパ系が存在しないと考えられてきました。では、脳はどのようにタンパク質凝集体を処理し、脳を保護しているのでしょうか。

米国の Nedergaard らは、脳のゴミ出し機能として、グリンパティック系（睡眠中のグリア組織間液による脳内蓄積物の排出経路）を提唱しています。[2] 彼らは蛍光物質をネズミ脳内に注入し、覚醒時と睡眠時でその移動スピードを検討しました。その結果、睡眠中にはグリア細胞が収縮し、脳組織の間隙が六〇％拡大していることを明らかにしました。

脳血管は「血管（動脈、静脈）周囲腔」に囲まれています（図12―1）。頭蓋と脳の間のくも膜下腔から流入した脳脊髄液は、動脈を取り囲む動脈周囲腔を動脈の拍動に駆動されて流れます。動脈周囲腔の外壁はグリア細胞の一つであるアストロサイトの足突起でできており、その足突起にはアポクリン4という水チャネルが埋め込まれています。脳脊髄液はこの水チャネルによって、アストロサイトに流入し、その後アストロサイトから細胞間隙に染み出し、脳内対流となって脳組織間を移動しながらタンパク質凝集体を静脈周囲腔に足突起を出しているアストロサイトまで運びます。その後水チャネルにより静脈周囲腔から脳静脈内に入り、最終的には脳外に排出されるのです。

睡眠の基本的な機能として、睡眠中に脳内老廃物を除去して、神経障害を予防し、明日の活動に備えるための脳メンテナンス機構が稼働しています。

若い世代からの睡眠健康教育が重要

最近行われた臨床試験からも、睡眠時間の減少や睡眠の質の劣化は、アミロイドベータの蓄積量に影響することが分かっています。睡眠不足が直接アルツハイマーの要因になるかはまだ明らかではないものの、睡眠による脳の浄化作用は脳の機能や体の健康を大きく左右するものであり、認知症や脳疾患の予防には脳の役割を知り、適切な睡眠を確保することが重要です。

今後、睡眠の観点からも認知症予防に取り組むことが必要です。特に、三〇～五〇代の比較的若い世代の睡眠不足や睡眠障害、睡眠時無呼吸に対する早期診断、睡眠教育が、第一次予防として重要になると考えられます。

参考資料

1）宮崎総一郎他編『睡眠からみた認知症診療ハンドブック』（I-1睡眠とは）全日本病院出版会　pp2-7. 二〇一六年

2）ネーデルガードM、ゴールドマンSA「脳から老廃物を排出　グリンパティック系」『日経サイエンス』2016. 7, pp73-77.

第十三章　よりよく眠るためのあれこれ

事例　カーテン作戦大成功のTさん

Tさん（三〇歳、男性）は、この一～二年前から日中の強い眠気に悩まされていました。ついうとうととして、仕事上でも支障を来していました。あまりに眠いので、ナルコレプシーといった眠りの病気ではないかと心配して、睡眠外来を受診されました。

そこで、睡眠日誌をつけてもらいました。これは、一日の睡眠時間を黒く塗り、眠くなった時間に斜線を書き込んでもらうものです（図13―1）。再診時にTさんの睡眠日誌を見ると、昼間も眠かったことを示す斜線が多く記録され、五月の連休は一日中ほとんど寝ている状態でした（図13―1、上）。よく見ると、休日は平日に比べて二時間以上長く寝ていました。それに反して、平日の場合、寝付くのは午前二時ごろでした。どうして寝る時刻が遅いのか聞くと、「インターネットやテレビを見ていると眠くならず、寝るのが遅くなっ

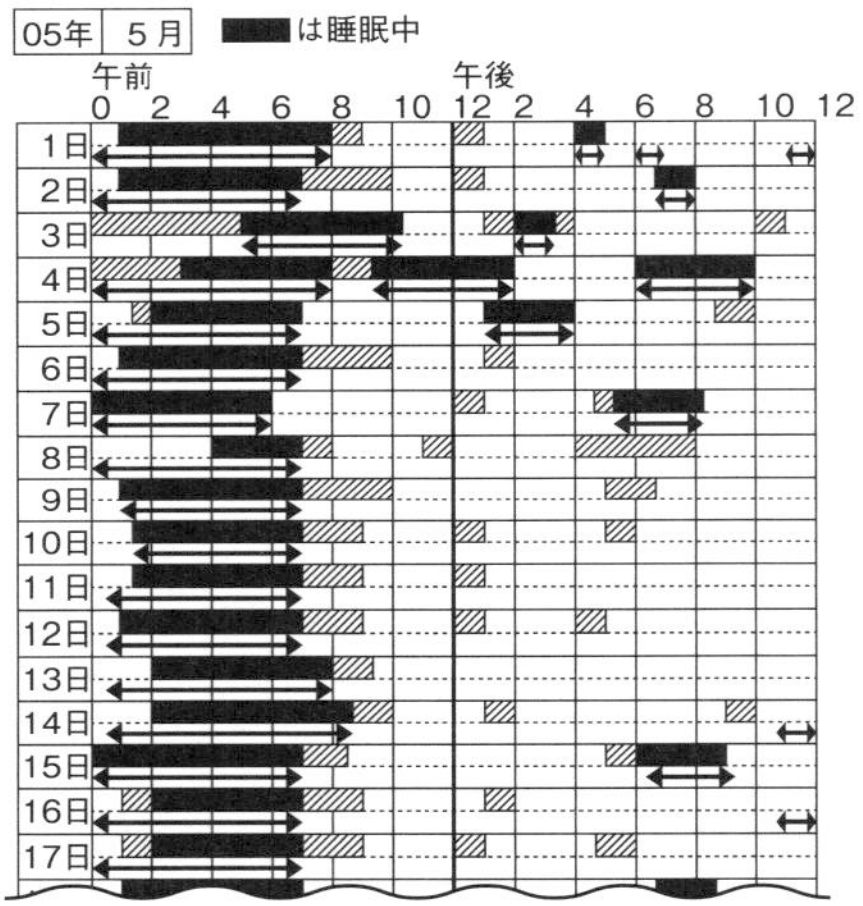

遮光カーテン、眠気あり

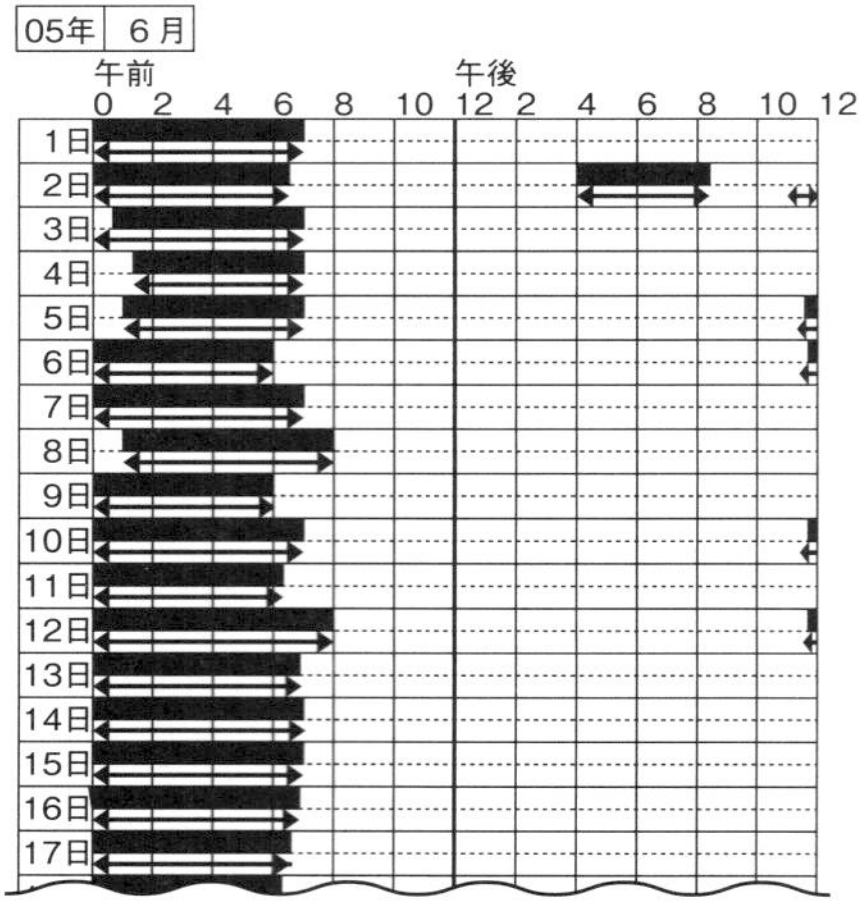

カーテンなし、眠気消失

図13—1　Tさんの睡眠日誌

てしまいます。朝は仕事に行く時間が決まっているので、眠いのですが無理矢理起きています。正直、朝から眠いです」とのことでした。

Tさんは単に睡眠時間が短いことが原因で、強い眠気を生じ、活力が低下する状態であり、病名としては「睡眠不足症候群」となりました。

体内時計のリズムを正常化するためにTさんに助言したのは、テレビやインターネットを控えて夜は午前0時前には眠ること、朝起きたときには朝日を浴びながら、外で新聞を読むことを伝えました。また、遮光性のカーテンを使用しているとのことなので、カーテンを開けたまま眠るようにアドバイスしました。

一カ月後、Tさんはすっかり元気になって再診に来られました（図13―1、下）。Tさんは、「カーテン作戦は大成功！　もう、朝はちっとも眠くありません」と、元気よく応えてくれました。

光は体内時計のリズムを変化させます。夕方から夜に強い光を浴びると体内時計が遅れ、眠くなる時刻が遅くなりますが、逆に朝に強い光を浴びると体内時計のリズムが早まり、寝付く時間が早くなります。Tさんに遮光カーテンを開けて寝るように伝えたのは、こうした理由からです。

Q. 朝、起きたとき、日光を浴びていますか？
- □ 1 寝室に日光が自然に入ってくる
- □ 2 カーテンを開け、室内に日光をとり入れている
- □ 3 屋外に出て、体操したり、散歩したりしている
- □ 4 室内照明だけにしている

あなたの生活習慣は？

読者の皆さんは、快適に眠るための生活習慣を身につけていますか。実際に、快適に目覚めるための生活習慣をチェックしてみましょう。

【1を選んだ人】

寝室に日光が自然に入ってくると、自然に目が覚め、よりよい目覚めが得られます。体内時計も自然に調節されます。

【2を選んだ人】

よい習慣です。室内を明るくし、朝日を浴びることで覚醒度が上がり、体内時計の調節にも最適です。

【3を選んだ人】

よい習慣です。朝、屋外に出ると自然に日光にあたるので、よく目が覚め、体内時計の調節にも最適です。

【4を選んだ人】

朝起きてもスッキリしない場合は、朝起きてからなるべく

早く屋外に出て、日光を浴びるようにしましょう。

朝、自然光を浴びよう

寝室に自然光が入るようにできれば、自然に目が覚め、よりよい目覚めが得られます。

室内に自然光が入る場合と、遮光した場合で、いつ覚醒するかを調べた実験では、自然光が入る条件では日の出と起床時刻には明瞭な関連性が認められました。一方、遮光した場合では、日の出と起床時刻には何の関連性も見られませんでした。

朝に二〇〇〇ルクス以上の明るい光を浴びることは、よりよい目覚めと体内時計の調節に特に大切です。晴天の戸外では五万〜十万ルクスありますが、うす曇りでも屋外では一万ルクス程度の照度があるので、朝に自然の光を取り入れることが大切です。室内光では特別な照明器具を用いない限り、二〇〇〇ルクス以上の照度になることはありません。

しかし、遮光・遮音カーテンを使っている場合や、寝室の設計上、自然光を取り入れることが難しい場合もあります。このような場合は、起きたらリビングのカーテンを開けるなどして日光を取り入れるようにするか、家の外に出て日光を浴びるようにしましょう。必ずしも直射日光に当たる必要はありませんが、明るい日差しを見るようにして、目から光を取り入れることが大切です。

ただし、光が体内時計を調節するには、いつ光を浴びるかが大切です。私たちは早朝三～五時ごろに体温が最低となります。体温が最低となるよりも前、すなわち深夜に光を浴びると体内時計が遅れ、夜型化が進みます。逆に、最低体温よりも後、すなわち朝に光を浴びると体内時計が早まり、朝型化が進みます。通常は日の出よりも前に体温が最低となるので、朝日を浴びると体内時計が早まり、早寝早起きのリズムになります。

なお、朝十時ごろから夕方五時ごろに日光を浴びても体内時計には影響しないので、体内時計を調整するには、朝日を浴びることが大切です。

安眠のための入浴法

栄養士さんの講習会で講演したときに、五〇歳ほどの女性が私のところに来られました。「睡眠と光の話を聞いて、このところ私の寝付きが悪くなった理由が分かりました。最近、家の風呂場を改装してから、なぜか寝付きが悪くなって不思議に思っていました。以前は古くて、暗い浴室でした。それが、リフォーム後に明るい光に満ちた浴室になってから眠れなくなったのは、強い光でメラトニン分泌が抑制されていたからなのですね！」とのことでした。

私たちは夜間に青白い光を浴びるとメラトニン分泌が遅れてしまい、寝付きが悪くなることが分かっています。また、体温が〇・四度程度下がると急速に眠くなります。眠りにはそのようなメカニズムがあるので、不眠の方には、風呂の照明を暗くしてあまり熱くない風呂に十分ほどつかることを勧めています。薄暗い光環境でゆっくりとリラックスし、メラトニン分泌によって自然な眠気が起きます。入浴により体温が一時期上がりますが、その後の急激に体温が低下することで深く眠れることが実験で証明されています。

眠る前の体操はＮＧ

「美容のため」と思って、就寝前にエクササイズＤＶＤを見ながら運動していたＴさん（四〇代女性）は、夜に寝つけなくなってしまいました。ヒトの体温は朝から徐々に上昇し、一日の中で最も高くなるのが夕方四時ごろから眠る前までとのリズムがあります。その後、体温の下降とともに眠気が増大して眠りにつきます。これがヒトの眠りの準備ですが、夜間に激しい運動をすると、交感神経が刺激され、眠気がなくなり、体温は低下するどころか上昇してしまいます。結果、体温が下がって眠くなるのに時間を要し、寝つく時刻が遅くなってしまいます。

寝付きをよくするためには、過度の運動は控えて、ゆっくりと首や肩周りのストレッチを、小さく声を出しながら一、二、三…と数えながら行うと、腹式呼吸の効果もあり有効です。数えるときに、通常は五程度ですが、十五〜二〇まで数えると効果がはっきり出ます。

よい眠りのための睡眠健康指導

睡眠健康指導とは、良質な睡眠のために生活習慣、睡眠環境をアドバイスすることです。睡眠健康指導の基本は、規則正しく睡眠をとり、朝は光で体内時計をリセットすることです。ヒトの睡眠・覚醒リズムは約二五時間周期ですが、それを同調させるために、光や食事、運動、社会的活動などの同調因子があります。これらが睡眠・覚醒リズムのみならず、内分泌リズム、自律神経をコントロールしています。したがって、夜遅くまで高照度の環境でいると、生体リズムの夜型化や不規則化を生じ、眠ろうとしても眠れない不眠状態となり、身体の不調をきたします。

部屋の明かりを暗くするのは、メラトニン分泌を妨げないようにするためであり、精神的な鎮静化をはかるためです。以前は、二五〇〇ルクス以上の高照度の光でないとメラトニン分泌は抑制されないといわれていましたが、近年の研究では三〇〇ルクス以下の低照度でも長時間にわたると抑制されることがわかってきました。特に蛍光灯の光に多く含まれる青い波長が選択的にメラトニンの分泌抑制作用が強いので、良質な睡眠のためには、夜間は赤色の電球がよいとされています。

深夜のテレビ視聴、パソコンや携帯電話の操作は大脳を活性化して、入眠障害、中途覚醒の原因となるので、午後九時以降は控えることが大切です。

アルコールは、確かに入眠促進作用がありますが、睡眠後半には睡眠段階が浅くなり、中途覚醒、早朝覚醒をもたらします。さらに利尿作用も相まって中途覚醒を増やします。日本では「睡眠薬よりも安全だろう」といって、眠れないときに飲酒をする傾向が強いのですが、これは間違った認識です。

朝食は、身体のリズムを整えるだけでなく、セロトニンやメラトニン分泌にとって重要です。朝食で摂取した必須アミノ酸のトリプトファンは、昼間はセロトニンまで合成され、ヒトを活動的にします。夜になり暗くなると、松果体で、セロトニンからメラトニンが合成され、睡眠が導かれます。

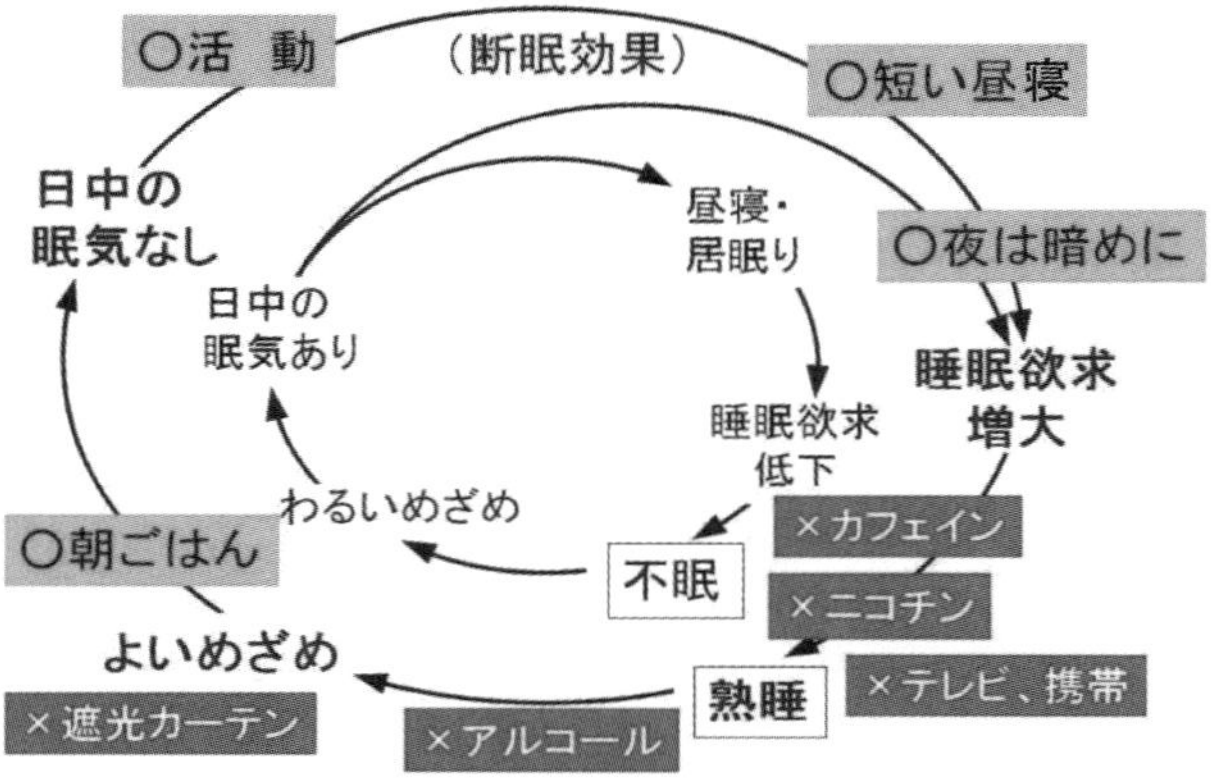

図13―2　眠りのよい循環と悪い循環[2)]

図13―2に、井上昌次郎先生が提案された「眠りのよい循環と悪い循環」（一九八八）を筆者が追加・改編したものを提示します。

目覚めが悪いと、日中に眠気があるため、ついうたた寝してしまいます。そうすると「疲れたから眠る」ための睡眠欲求が低下して、夜間の睡眠の質が低下することになります。

昼間の眠気を我慢して、居眠りを少なくし、メラトニンの分泌に支障がないように、夜は暗めの環境で過ごし、覚醒反応をもたらすカフェインやニコチン摂取を控え、眠る一時間前からテレビや携帯の視聴を控えると、入眠がスムーズになります。アルコールは中途覚醒や早朝覚醒の原因となるので控え、眠れないときには、睡眠薬の服用を考慮します。朝は、遮光カーテンを十cm程度開けておくと、光刺激で自然に覚醒し、体内時計がリセットされて、よい目覚めにつながります。脳の中枢時計は光でリセットし、消化管を含めた末梢の腹時計は朝食でリセットし、脳と身体の時計を同期させると元気になります。

眠りによい香り

鎮静作用のある香りとしては、サンダルウッド（白檀）、ラベンダー、カモミール、セドロールがあります。また眠りたいときには、リラックス効果のあるラベンダーやカモミールなどが有効です。しかし、これらは劇的な入眠効果はなく、精神をリラックス状態へ導くものです。スギやヒノキに含まれるセドロールは、入眠や睡眠維持に効果があります。セドロールの香りは微弱で、好みに左右されにくい利点があります。

ただ、香りに対する好みは人それぞれであり、好みでない場合には効果がありません。香りやアロマテラピー*はそれ自体が睡眠をもたらすのではなく、眠る前の脳と身体をリラックス状態へ導く効果があると考えます。

＊アロマテラピー　植物の香り、働きの力から、心や身体のトラブルを穏やかに回復し、健康増進や美容に役立てていこうとする自然療法のこと。

平安時代の幸せな眠り

平安時代の美人で知られる小野小町の歌に、「いとせめて恋しきときは　むばたまの夜の衣をかえしてぞきる」というのがあります。その意味は、「ひどく胸に迫って恋しいときは、夜の衣を裏返しに着て寝ます。そうすれば、恋しいあの方と夢でお逢いすることができましょうから」ということです。

平安時代には現代のような布団や寝間着がなく、羽織っていた打ち掛けを掛け布団のように上からかけて寝ていました。この打ち掛けを裏返しにして掛けると、恋しい人が夢に現れ、とても幸せな時間を過ごすことができると信じられていたのです。これが「夜の衣返し」です。「着物には神秘的な力があり、これを裏返にして掛けると現実とは逆の世界が夢の中で実現する。会うことができない現実を衣返しで逆転させれば逢瀬は可能となり、幸せな夢を楽しむことができる」と考えられていたと、広島大学名誉教授の堀忠雄先生が『睡眠のトリビア2』の中で紹介されていますので、興味のある方は読んでください。

参考・引用資料

1）林光緒、宮崎総一郎、松浦倫子著『睡眠習慣セルフチェックノート』全日本病院出版会

二〇一五年

2）宮崎総一郎、北浜邦夫、堀忠雄編『睡眠のトリビア２』中外医学社　二〇一六年

第十四章　いまこそ求められる睡眠教育

睡眠健康指導

良質な睡眠を確保するためには、睡眠のメカニズムに基づいた適切な睡眠知識を助言することが有効です。筆者が、睡眠講演会や日常臨床で配布している、睡眠健康指導を簡単にまとめたカード（表14―1）を提示します。

受講した学生たちの感想

筆者はS県の看護専門学校で、睡眠に関する講義を担当したことがあります。授業を聞いた学生の中から、KさんとYさんの感想を紹介します。

表14—1　よい眠り、6つの習慣

1. 早起きすると早寝ができる
2. カーテンを10cm開けて寝ると、よい目覚めになる
3. 朝・昼はしっかり食べて、夜は少なめ
4. 夜遅い食事は肥満のもと
5. 夜は暗くして快眠モード
6. 明るい照明は寝つきを悪くする

事例　自分の睡眠を見つめ直したKさん（十八歳）

私はこの町で一人暮らしをするようになってから、カーテンを遮光カーテンにしていました。その理由は、朝早くからイライラするのは、夏は朝五時から朝日が上がり、それにより早く目が覚めてしまうためだと思っていたからです。だから、朝の太陽の光が入ってこないように遮光カーテンにしていました。でも講義を聞いて、朝にイライラしていたのは朝日のせいではなくて、夜遅くに寝ているためで、必要な睡眠時間が足りていなかったからだと分かりました。

高校生までの実家暮らしのときは、クラブ活動をしていたこともあって、毎朝決まった時間に起きていたし、朝ごはんも少なくとも四品は食べていたと思います。そのころは授業中に寝ることはまずなかったし、体も軽く感じていました。しかし今は、高校時代に比べると、生活も自分の

体も少し変化があるように感じていました。そこで今回の授業を受けて、高校生のころの生活に少しずつ戻していきたいと考えています。

生活を急に変えるのはすぐにはなかなか難しいと思いますが、まずはカーテンを遮光カーテンから普通のカーテンに戻して、朝日とともに目覚めるようにしたいと思います。

私は普段からテレビを見ないのですが、その分、携帯電話を夜遅くまで使っています。そこで、布団の中での携帯電話の使用を減らすことで、寝つきをよくしたいと思いました。また、なるべく太陽の光を浴びるようにしたいと思っています。そうすることで元気が出て、うつも予防できるのならすごく簡単だと感じました。

今回の講義は、睡眠の大切さを学び、自分の睡眠を見つめ直すよい機会になりました。講義で聞いた「よい眠り、六つの習慣」（表14―1）を、一つずつ確実にクリアできるように努めていきたいです。

事例　実践したいことを明確にしたYさん（十八歳）

今回の講義を受けて、必要な睡眠時間は年代により異なることを教わりました。私の年齢では最低でも七～八時間眠らないと体はきちんと機能しないのに、その半分くらいしか寝ていませんでした。私は明らかに睡眠不足だったと思いました。夜はいくらでも起きていられるけれど、朝は早く起きることができなくて、講義中もいつも眠っていました。そして土日にバイトがない日は寝だめをしようと、十時間くらい寝ていました。

今回の講義で学んだことを生かして、これからは生活を改めて次のことを実践したいです。

①　遮光カーテンをやめて、レースのカーテンにする
②　夜にコーヒーを飲むのをやめる
③　なるべく、朝は決まった時間に起きる
④　照明を今よりももう一つ暗くした状態で、寝る前を過ごす
⑤　ベッドの中で携帯電話を使い過ぎない
⑥　「ベッドは寝るところ」という意識を強く持つようにする
⑦　朝は少なくとも三品は用意して食べる
⑧　夜型の生活を直して、朝型にする

学生への睡眠アンケートの結果から

授業に出席してくれた学生たちに協力してもらい、講義の前後で睡眠に関する調査をしました。

その結果を見ると、眠気の点数（正常は十点以下、質問紙ＥＳＳの詳細は51頁を参照）は、講義前は眠気の点数がほとんどの生徒で十一点以上でした。しかし一カ月後には九点まで改善した学生がほとんどで、その結果は三カ月後でもよくなったまま継続されていました。また、睡眠の質を見るアンケートでも、今回の睡眠に関する講義後は「睡眠の質がよくなった」という結果が出ていました。

これらの効果のあった理由は主に、学生たちが講義を聞いたあとに、自分の意志で生活を改善していこうと思い、睡眠時間が長くなったことによるものと推測されました。

四〇代の先生にも変化が現れた

この講義を行った専門学校のＨ先生（四〇歳、男性）から寄せられた感想も紹介します。Ｈ先生は、生徒と一緒に睡眠の講義を聞いていました。彼も睡眠の質を改善するために、自らの生活を改めたようです。以下が、Ｈ先生の感想です。

「ピピピピッ」「ピピピピピッ」。目覚まし時計の小さなアラーム音で目が覚める。布団の中で背伸びをして起き上がる。そして仕事に向かう支度を行う。ここ数カ月、このような朝の過ごし方ができている。

一年前の私は、目覚まし時計を二つ、それだけでは起きることができずに携帯電話のアラームもセットしていた。目覚まし時計のアラーム音が鳴り響いても、それを止めて再び数分後にアラーム設定してまた寝てしまうという、いわゆる二度寝をしていた。このころは、気持ちよく起きた記憶がほとんどない。身支度をして重い体を引きずりながら仕事に出かける。仕事中は気が張っているのか眠気やだるさはあまり感じていなかったが、昼休憩や仕事を終える時間には疲れが一気に出る。そんな積み重ねで、心身ともに疲れていたように思う。

しかし、宮崎先生の講義を生徒と一緒に聞いてからは、心身ともに好調だ。朝の目覚めもよい。一年前とここ数カ月の私の違いは、やはり「睡眠」にあると思う。宮崎先生が「適切な睡眠がいかに大事なのか」を話してくれた。話を聞いてから、睡眠への意識が変わった。睡眠のとり方を少しでも変えてみようと、意識的に取り組んだ。以前は疲れをとるため、家に着くと少し休んで、その後は自分にむちを打ちながら、寝る寸前までパソコンとにらめっこしていた。

講義を聞いた後は、①寝る前の視覚刺激を抑えること、②自然に近い睡眠リズムを整えること、の二つを心掛け、以前は二時、三時に床についていたのを、二三時には寝るように心掛けた。パソコンも二二時までの使用と決め、それ以降はゆっくりと過ごすことにした。

すると、今は昼休憩に寝ることもなくなった。さらに、仕事を終えても眠気が襲ってこない。仕事中も頭が働いているのが自分でもよく分かる。意識して睡眠リズムを整えることを心掛けたら、今は習慣化された。小さなアラーム音で目が覚める。気持ちのよい朝を迎えて一日が始まる。睡眠を意識することで、毎日が充実したものに変わっている。

寝る前のパソコン、携帯電話、スマホの使用をやめよう

夜更かしをして、パソコンや携帯電話、スマートフォン（スマホ）を使う人が多くなっています。夜に目から入る光は、交感神経を活性化し、目がさえて眠れなくなることにつながります。

筆者がある中高一貫校の一五〇〇人に調査したところ、寝つきの悪い（眠るのに三〇分

以上かかる）生徒が四〇％近くにも上りました。彼らは遅くまでパソコン、携帯電話、スマホなどでメール、インターネットをしているため、眠れなくなっていたのです。彼らは、「眠れないときには、携帯電話やパソコンで目を疲れさせてから眠る」と話していましたが、これは間違った対処法です。眠りの質を悪くするパソコンや携帯電話によるメールの送信は、朝一番に行うことをお勧めします。朝のうちに脳に刺激を与えることは、脳をしっかり覚醒させるのに有効であり、早朝にメールを受け取った相手は、きっとあなたのアクティビィティーに感心するでしょう。

地域での睡眠健康指導

内閣府の社会保障制度改革国民会議は、「地方自治体は、ＱＯＬを高め、社会の支え手を増やす観点から、健康の維持増進・疾病の予防に取り組むべきである」と提言し、「医療・介護の在り方を地域ごとに考えていく『ご当地医療』が必要」と指摘しています。

市民が、医療サービスや介護サービスを過重に利用しなければならない状況を回避するには、食生活や運動をはじめ、さまざまな配慮すべきテーマがあります。そうしたテーマの中で、私たちの健康をもっとも左右するテーマであるにもかかわらず、意外と配慮されていないテーマが睡眠です。しかもそのテーマは、心・精神、さらには脳の健康に多大な影響を与えます。その事実を如実に示す事例をここで紹介します。

沖縄県那覇市の東に位置する佐敷町（現、南城市）は、人口約一万二〇〇〇人の町で、一九八〇年代に国が打ち出した第一次健康増進推進対策に呼応し、健康づくりを積極的に展開してきました。ところが、一九九〇年代に入って、民間病院に療養病床が新設されたこともあり、町の老人医療費は急増し、一人当たりの医療費は県内ワースト二位となりました。国民健康保険会計は危機に陥り、佐敷町の財政は破綻寸前に追い込まれたのです。

ここで、国保税を増額して補塡を図らなかったことは、佐敷町の志と知恵を物語ります。町は、医療費を減らすための健康づくり事業の強化に乗り出したのです。国の補助金を積極的に活用してモデル事業を展開し、一人当たり老人医療費を低減させ、二〇〇一年には県下十四位になりました。この健康推進モデル事業の中心に位置づけられたのが睡眠保健事業でした。一九九八年より国立精神神経センター老人精神保健部と琉球大学が、佐敷町と協力する形で、睡眠保健の官学共同事業がスタートしました。これは日本初の試みであり、期待と不安を背負ったスタートでした。しかしその成果は期待以上でした。ピーク時に十一億円近くあった老人医療費は、最大時で二億円の減少を記録したのです。当然のことなから低減効果は福祉・介護の経費にも及んだのでした。さらに睡眠の質の向上は、高齢者にのみに恩恵をもたらすものではなく、一般医療費にも低減効果が表れたのです。

こうした成果は、マスメディアにも注目され、テレビや新聞で盛んに報道されました。そのために沖縄県のみならず県外にもその名が知られ、全国各地の自治体から数多くの視察団が訪れました。厚生労働省はもちろん多くの地方自治体が、佐敷町を手本に市民の睡眠の質を高めるための方策を打ち出し、実行しました。しかし多くの自治体では、その成果が十分に上がったとはいえない結果に終わっています。

その理由としては、睡眠というあまりにも日常的な行為に関して、役所がいくら旗を振っても、住民が積極的にライフスタイルの見直しをする気になるのは難しいという点が指摘されます。

睡眠の大切さを否定する人はいません。睡眠の質が、心身の健康を大きく左右することも多くの人は知っているでしょう。しかし、睡眠についての知識を得ることで、睡眠の質が高まり、健康やアンチエイジングに大きな効果があることを自覚している人は多くありません。覚醒していない時間の行為であり、他者と比較するチャンスも少ないからでしょう。

そうした実情を前提とすると、たとえば、睡眠学を専門とする医学者や心理学者などの講演会を開催したり、セミナーやワークショップを開催したりすれば、それに参加する住民はいるでしょう。しかし、その講演がいかに面白くとも、そのセミナーやワークショップがいかに有益だったとしても、その知識や知恵が、住民の間で共有され、活用・実践されることは期待しにくいでしょう。

「佐敷町成功の秘密」は、住民が主体となった睡眠保健事業だったということです。佐敷町には、県から派遣された駐在の保健師さんが事業開始以前からいました。この駐在保健師さんが、必要に応じて県に支援を依頼し、専門家の知恵を借りたり、県の資源を活用したりして、小規模な自治体が必要なものを調達することを可能にしました。

一方、佐敷町役場で睡眠保健事業を担った住民課は、保健衛生係、老人保健係、国民健康保険係などを総動員して、広範囲の活動を推進しました。そしてもっとも重要だったのは、睡眠保健推進員、母子保健推進員、保健推進員、栄養改善推進員などの住民代表の存在だったのです。彼らが、県の駐在保健師さんや町の保健師さんと協力しながら、草の根運動を展開したのです。

強力な睡眠プロジェクトを推進するに十分な陣容が一朝一夕でできるはずはもちろんあ

りません。しかし、住民の中に情熱と向学心を持った方たちが手を挙げてくれたならば、日に日にその陣容は充実していきます。この草の根の役割を担うのが、睡眠健康指導士です。しかも、それらの睡眠健康指導士たちは、郷土に住み、郷土を愛し、郷土に多くの親戚・友人を持つ住民であることが重要なのです。

同様に、職場においても働く人が身近な仲間同士で睡眠の大切さを共有し、睡眠の質を高める取り組みを実践していくことが望まれます。

おわりに

私は滋賀県に住んでいますが、皆さんは大津市にある石山寺をご存知でしょうか。その昔、琵琶湖に映る満月を見ながら紫式部が源氏物語の執筆をしたことで知られるお寺です。しかし、紫式部が訪れる前からそのお寺にこもると「よい夢が見られる」とすでに有名だったそうです。昔の人は夢の中に出てきたことは、現実になると考えていました。そこで、貴族たちは競って寺にこもり、よい夢を見ようとしたのです。そのほかによい夢が見られるお寺としては、清水寺、鞍馬寺《くらまでら》、粉河寺《こかわでら》、長谷寺が知られています。

私たちは、眠りが深くなり百分くらい経つと、最初の夢を見ます。その後も約八〇～百分の周期で、一晩に四回ほど夢を見ます。現代の医学では、夢の役割は予知能力といったものではなく、記憶や感情の整理に関与していると考えられています。

二四時間社会の現代、人々の生活スタイルは夜型化し睡眠時間は確実に減少しています。厚生労働省が発表した「国民健康・栄養調査 二〇一五」では実に三九・五％の方の睡眠時間が六時間未満でした。睡眠時間が短くなると、朝方に多い夢見睡眠が少なくなってしまいます。朝方の夢を見る時間が制限されると、イライラするといった気分障害や記憶低下が起こると言われています。

この報告で興味深いことは、睡眠時間が六時間未満の群では、六時間以上の群にくらべて、入眠困難、中途覚醒、早朝覚醒を多く訴えていました。つまり、睡眠時間が短い人ほど、熟睡できずにさらに眠れなくなることを示しています。

さらに深夜でも明るい環境は、睡眠を促すホルモンのメラトニン分泌を抑制し、体内時計を狂わせ、正常な睡眠がとれない人々の増加を生み出しています。短い睡眠時間でも日常生活に問題なければよいのです。しかし実際には睡眠不足の影響は、肥満、高血圧、糖尿病、脳血管疾患や心臓病等、精神疾患、認知機能低下等多岐にわたり、看過できるものではありません。

人の眠りは「疲れたから眠る」といった、消極的・受動的な生理機能ではなく、もっと積極的・能動的であり、「明日によりよく活動するため」に脳神経回路の再構築や記憶向上、メンテナンス（脳内老廃物の除去、認知症予防）を果たしています。

睡眠学という学問体系は二〇〇二年に日本学術会議に提唱された新しい分野です。私は二〇〇四年から二〇一六年まで、日本で初めて開設された睡眠学講座（滋賀医科大学）を担当し、睡眠障害の診断や治療の研究だけでなく、産学官共同で「眠りの森事業」を推進し、睡眠学の普及や睡眠知識の啓発活動を全国的に行ってきました。

二〇一六年からは、名古屋の中部大学を拠点として、「睡眠からアプローチする認知症予防プロジェクト」に取り組んでいます。二〇二五年には高齢者の五人に一人が認知症になると試算されています。睡眠中は認知症を引き起こす脳内の老廃物をクリーンアップしており、脳のメンテナンス作業を行う最も大切な時間です。認知症予防には、運動や食事指導が必要と言われていますが、適切な睡眠をとることが今日からできる認知症予防となります。

私は、全国各地で睡眠の話をしています。睡眠に関する知識を得ることで、睡眠の質が改善し、心身に大きな改善が得られたとの話が多く寄せられます。

「少し長く（三〇分程度）睡眠時間を増やしただけで、仕事中の強い眠気がなくなり、ミスもなくなり快調です」、「早めに寝るようになって、体重が減りました」、「コーヒーを飲む習慣をやめたことでよく眠れるようになり、血圧が下がりました」、「寝酒をやめたことで、気持ちよく目覚められるようになりました」

このように、睡眠に関する知識を学ぶだけで確実に睡眠は改善されます。

睡眠は今夜から簡単に取り組める健康法であり、働く人々の健康リスク軽減や認知症予防に有効です。「よい眠りで日本が元気になる」ために、本書を通じて多くの方に正しい知識を持っていただきたいと願っています。

最後に、この本の企画、校正等にご尽力いただいた中央労働災害防止協会出版事業部の五味達朗、杉田淳子の両氏に厚く御礼申し上げます。

桜が満開の中部大学鶴舞オフィスにて　宮崎総一郎　拝

＊本書は月刊『安全と健康』（中央労働災害防止協会発行）に連載（二〇一六年一月号〜二〇一七年十二月号）された『良い眠りを導く「睡眠」の話』をもとに、全編にわたり加筆し、新たな構成でまとめたものです。

眠り上手になるための睡眠学
―脳は眠らなければ回復しない！―　中災防ブックス 004

平成 30 年 4 月 27 日　第 1 版第 1 刷発行

著　者　宮崎　総一郎
発行者　三田村　憲明
発行所　中央労働災害防止協会
〒108-0023
東京都港区芝浦 3 丁目 17 番 12 号　吾妻ビル 9 階
電話　販売　03(3452)6401
　　　編集　03(3452)6209
イラスト　寺平　京子
デザイン　㈱ジェイアイ
印刷・製本　㈱丸井工文社

落丁・乱丁本はお取り替えします。

ISBN978-4-8059-1803-6　C0360
中災防ホームページ　http://www.jisha.or.jp/